贛文化通典

——名勝卷　第三冊

目錄

第三章｜宗教文化名山

第六章 | 其他風景名勝

宗教文化名山

第一節 ▶ 禪宗七祖道場——吉安青原山

一、地理環境

　　被譽為「文章節義之邦」的歷史古城吉安，位於江西省中西部、贛江中游。受亞熱帶季風濕潤性氣候影響，這裡春寒冬冷、夏熱秋爽，初夏多雨、伏秋乾燥，具有四季分明、無霜期長等氣候特點，對農作物和植被十分有利，得天獨厚的資源條件使吉安自古享有「金廬陵」的美譽，歷代為商賈雲集之地。「山川第一江西景，風月無邊相國園。十倍黃樓況黃閣，千尋青壁是青原。」[1]詩人楊萬里讚譽的境內第一名勝青原山，又稱青原安隱山，位於吉安市郊河東鄉，面朝茫茫贛江，背依莽莽嵩華山，枕山懷壑，吞風吐雲，海拔三百二十餘米，地勢雖不高，但奇峰秀起，峰巒多姿，盤亙數十里。山上古木翁鬱，奇葩芬芳；碧泉翠

1　（宋）楊萬里：《賀周益公三層百尺樓》，載《青原志略》卷九，《詩》，（清）笑峰大然編撰，段曉華、宋三平校注，南昌：江西人民出版社，1998，第 207 頁。

峰，各具情趣。漢代道教天師張道陵封天下三百六十五座名山，青原山便列其中，它以山清、水清、氣青而名揚華夷。

二、歷史文化

　　青原山是著名的佛教聖地，上山淨居寺「自唐行思禪師開山說法以後，遂為巨剎」[2]。「修證者以為龍象之淵藪，遊覽者以為煙雲之宅奧。英靈比肩，賢豪接踵，蓋千餘年如一日也」[3]。至明王守仁、羅洪先、歐陽德諸人於此講學，則開闢一儒家講壇，青原山則又有「儒佛參軼、荊杏交參」之譽。如此勝地，歷代前往拜謁的文人騷客、名宦重臣絡繹不絕，據《青原志略》載：歷代游青原者，有唐代重臣、大學士段成式，顏真卿、姜公輔、道士呂岩，宋時的黃庭堅、周必大、楊萬里、向敏中、李綱、文天祥，明代的王守仁、湛若水、郭子章、解縉、聶豹、鄒守益，清代的方以智、施閏章、翁方綱等等，不勝枚舉。詠青原山的詩篇近五〇〇首。所以，青原山有著極其深厚的文化底蘊。

（一）佛教聖地

　　禪宗五祖弘忍之下，有慧能、神秀二大師，分別創立南、北宗，佛教界稱之為「南能北秀」。行思禪師從六祖慧能，深得其

2　《青原志略》卷十三，載《欽定四庫全書總目》卷七十七，四庫全書本。

3　（清）笑峰大然編撰，段曉華、宋三平校注：《青原志略‧序》，南昌：江西人民出版社，1998，第 6 頁。

髓，「祖深器之，會下學徒雖眾，師（行思禪師）居首焉」**4**。後秉六祖之示，入主青原宏揚佛法。行思住持青原山后，擴建寺院，廣收僧徒，大倡六祖「頓悟禪學」。他以「廬陵米作麼價」**5**回答什麼是佛法大意，隱指禪法存在於日常生活中，而不在玄妙的神秘境界裡。行思弘揚慧能「以明心見性，頓悟成佛」之說，「不立文字」，沖出了學虛幻的思想範疇，把佛教從單純的學問修行引入道德修行，從而宗風大振，四方參者甚眾。行思傳法石頭希遷，經希遷再傳，發展形成了佛教禪宗青原派系曹洞、雲門、法眼三宗，世稱「禪宗青原派系」，為達摩祖師「一花開五葉」奠定了「曹洞、雲門、法眼」三葉的基礎，青原山淨居寺便成為佛家聖地，名揚天下。唐宋時的天下名剎在以後的數百年裡圮廢，《宋長者祠碑記》云：「青原祖庭，自思、齊、信、如四代祖師之後，其以禪宗住持是山者，絕未之聞，是以一變而為房僧應付香花院，再變而為九邑紳士講學堂。」**6**幾經變故之後，青原祖庭再度復興。明末崇禎年間，真元來此住持，又興修葺。清順治十四年（1657），笑峰大然（1642-1719）來寺，「駐錫三

---

4 （清）笑峰大然編撰，段曉華、宋三平校注：《青原志略》卷二，《僧傳·唐開山七祖行思禪師》，南昌：江西人民出版社，1998，第 48 頁。

5 （清）笑峰大然編撰，段曉華、宋三平校注：《青原志略》卷二，《僧傳·唐開山七祖行思禪師》，南昌：江西人民出版社，1998，第 49 頁。

6 （清）笑峰大然編撰，段曉華、宋三平校注：《青原志略》卷四，《碑記·宋長者祠碑記》，南昌：江西人民出版社，1998，第 106 頁。

載，燈焰彌輝」，**7**人稱「自唐以來，興替世相嬗，最盛者稱笑峰大然師」**8**。其後「愚者大師（1611-1671）繼之，宗風丕長」**9**。「文革」期間，僧尼被驅散，寺院幾被蕩平。一九七九年起，對寺院進行大規模維修，淨居寺殿閣重現金碧，雄姿不減昔年。

（二）儒家講壇

王陽明的「致良知」與「知行合一」哲學在其弟子與推崇者的努力下，由吉安而江西漸次傳播開來，而會講的主要場所青原山也就成為陽明理學興盛之所了。「至陽明先生，由龍場患難中悟入，有得於乾元之『各正性命』，故表陸擴朱，三間之說，有全統焉。吾郡鄒、羅先生，每會青原，光大其旨。體天地之不二，惟固達者知之。」**10**廬陵名儒在青原會講，宣導的便是陽明先生的「良知之學」。

最早的會講該起於嘉靖年間。《王陽明集補編》記有：

7　（清）笑峰大然編撰，段曉華、宋三平校注：《青原志略‧序》，南昌：江西人民出版社，1998，第 6 頁。

8　（清）施閏章：《青原毗盧閣碑記》，載《青原志略》卷四，《碑記》，（清）笑峰大然編撰，段曉華、宋三平校注，南昌：江西人民出版社，1998，第 111 頁。

9　（清）笑峰大然編撰，段曉華、宋三平校注：《青原志略》卷 4《碑記‧宋長者祠碑記》，江西人民出版社，1998 年版，第 106 頁。

10　（明）龍遇奇：《重修傳心堂碑記》，載《青原志略》卷三，《書院》，南昌：江西人民出版社，1998，第 100 頁。

（嘉靖）十三年甲午正月，門人鄒守益建復古書院於安
福，祀先生（王陽明）。

師在越時，劉邦采首創惜陰會於安福，間月為會五日。
先生為作《惜陰說》。既後，守益以祭酒致政歸，與邦采、
劉文敏、劉子和、劉陽、歐陽瑜、劉肇袞、尹一仁等建復
古、連山、復真諸書院，為四鄉會。春秋二季，合五郡，出
青原山，為大會。凡鄉大夫在郡邑者，皆與會焉。於是四方
同志之會，相繼而起，惜陰為之倡也。

三月，門人李遂建講舍於衝麓，祀先生。**11**

劉邦采首創惜陰會，各郡名儒相繼建會，春秋二季，合於青
原山會講。由「凡鄉大夫在郡邑者，皆與會焉」可知當時人對此
的重視程度。「時姚江之門人，歲聚講學，輻輳僧寺」**12**，「會
講傳心堂，冠裳雲集」**13**，可見當時學子之多，講學之盛。《傳
心堂約述》記有：錢緒山、王龍溪十年兩會於此。天下初愕，而

11 《王陽明集補編》卷五，《年譜附錄一》。

12 （清）施閏章：《青原毗盧閣碑記》，載《青原志略》卷四，《碑記》，
（清）笑峰大然編撰，段曉華、宋三平校注，南昌：江西人民出版社，
1998，第112頁。

13 （清）宋之鼎：《青原藏書議》，載《青原志略》卷三，《書院》，
（清）笑峰大然編撰，段曉華、宋三平校注，南昌：江西人民出版社，
1998，第93頁。

卒從之[14]。從中也可以知曉會講對當時的震懾與引導作用之大。而且，這種影響不僅局限於文人之間，錢緒山（德洪）在《惜陰會語》曰：「戊申（1548）與龍溪赴青原復古會，今九年而再至，窮鄉邃谷，田夫野老皆知有會。」[15]

「會友聚講，始於鄒文莊、羅文恭兩先生，不過因其勝地，以樂同志，非欲據之為館也。後劉師泉、胡廬山、王塘南二三先生，相次主盟，皆沿故事。」[16]至此，諸儒並未築建會講之處，雖「非欲據之為館」，但也是佔用僧舍。「而後當道賢者，欲大興吾道，遂創先賢祠廟於僧舍之右」[17]所講的就是明正德年間，王時槐主持會講時，得諸紳資助，不僅建有「五賢祠」以祀先賢，在僧舍左側創「傳心堂」作為會講之所。明萬曆年間，僧人本寂力言，「禪剎與書院必不兩立，持說甚堅」[18]，在名儒鄒元標、郭子章籌資下，「鼎新古殿，盡除舊館，以全地還青原，而別建先賢祠及會堂於山前」[19]。康熙五年（1666），「傳心堂」、

---

14 （清）笑峰大然編撰，段曉華、宋三平校注：《青原志略》卷三，《書院‧傳心堂約述》，南昌：江西人民出版社，1998，第64頁。

15 （清）笑峰大然編撰，段曉華、宋三平校注：《青原志略》卷三，《書院‧傳心堂約述》，南昌：江西人民出版社，1998，第70頁。

16 （明）羅大紘：《分修禪林講堂議》，載《青原志略》卷七，《疏引》，（清）笑峰大然編撰，段曉華、宋三平校注，南昌：江西人民出版社，1998，第157頁。

17 同上。

18 （明）徐霞客：《徐霞客遊記‧江右遊日記》。

19 內容同註 15，但頁數改為第 64 頁。

「五賢祠」被重新修葺,「乃於五賢祠左右並建書室。室各有樓,榜曰仁樹,曰見山。令學者設席其間,明窗淨几,可以坐而誦,可以眺而吟」[20]。後又增建「明德祠」,以祀鄒元標及創建「傳心堂」的諸賢。這些堂、祠、樓、館被通稱為「青原會館」。到了清道光十九年(1839),吉安知府鹿春如為重振陽明理學,又在淨居寺北側創建「陽明書院」,與青原會館故址隔溪相望。書院聘劉繹為山長,選吉安府屬九縣俊秀就讀其中,以應朝廷科選,直至咸豐六年(1856)因太平天國戰事而停。

　　宣導在青原山會講的當地名儒有四位,即:鄒守益、羅洪先、聶豹、歐陽德,加上他們所崇奉的王陽明,時人稱為「五賢」,並建祠於青原山。「新建致良知之宗,吉州鄒、羅、聶、歐會講青原,而其風乃昌,此五賢所由祠也。」[21]四人會講青原之後,致良知之風乃昌盛,不可否認這些名儒自身魅力之大。《傳心堂約述》記有:

　　　　司理龍山劉公(劉方興)與羅文恭為友,師事鄒文莊。大理曾公乾亨撰行狀,有曰:「公性質天成,而得力於學尤深。或出或處,未嘗一日忘學。及歸田,並力從事,嘗偕羅文恭每年集合郡同志,講學青原雪浪間。……」公諱方興,號龍山,吉水人。嘉靖丁酉鄉舉,為平樂推官,刑清政

---

20 《王陽明集補編》卷五,《年譜附錄一》。

21 內容同註12。

簡。……與羅文恭每年講學青原，年八十。其孫諱應秋，萬曆壬午解元，癸未探花。又與王塘南、劉瀘瀟、鄒忠介青原講學。**22**

　　劉方興、羅文恭、鄒文莊、劉應秋四人皆講學於青原，他們或友或師、或祖或孫，在一種比較密切的關係中對文化進行傳承與發展。僅就祖孫兩人而言，劉方興「性質天成，而得力於學尤深」，為平樂推官；劉應秋曾中解元與探花，亦可知當時講學的名儒不乏當時的文化精英。

　　陽明理學經青原會館而盛傳於江西，廣泛地進入社會各個階層，青原山不僅包涵著儒家的政治追求，同時也負載著政治教化的意味。

三、風景名勝

（一）淨居寺

　　始建於唐代神龍元年（705）。初為蘭若（梵文音譯，指規模較小的寺），後擴大為寺。因傍安隱山而得名安隱寺。開元二年（714），行思禪師來此開闢道場，弘揚佛法，八方僧眾雲集，成為當時南方佛教禪宗傳播中心。會昌間（841-846）安隱寺

---

22 （清）笑峰大然編撰，段曉華、宋三平校注：《青原志略》卷三，《書院‧傳心堂約述》，南昌：江西人民出版社，1998，第 67 頁。

毀，大中五年（851）重建。宋治平三年（1006）英宗賜額「安隱寺」，崇寧三年（1104）臘月宋徽宗賜名「淨居寺」。元末兵毀，明洪武九年（1376）僧師鞏復修，二十四年（1391）為叢林（即規模較大的寺院）。明正德五年（1510），理學家王陽明謫貴州龍場驛丞後改知廬陵縣，來寺設堂講學，郡中從學者甚眾。由此，淨居寺又成為陽明理學興盛之所。明末戰亂，寺被毀。清順治、康熙間和民國時期，眉庵、笑峰、藥地、高光相繼主持，先後修復。解放後，寺虛殿廢。「文革」中被毀殆盡。一九八三年被列入全國一四七座重點保護寺廟之一，自一九八四年起，國家先後撥鉅款按原貌重建。至一九八九年主體工程竣工，列為全國對外開放重點寺觀之一。

淨居寺座東南，朝西北，總占地面積約二〇〇〇〇平方米。整座寺院巍峨雄偉、金碧輝煌，佈局合理，構造精緻，由天王殿、大雄寶殿、毗盧閣、念佛堂、藥樹堂、七祖塔等組成一個大型建築群，主體建築佈局三進三層。寺大門懸有「青原山」匾額，三字為南宋文天祥登臨此地時所留的墨寶，雄渾凜然。第一層是天王殿，正面塑有笑口常開的彌勒佛、左右是四大金剛和韋馱等諸神像。中層是大雄寶殿，殿呈正方形，磚木結構，飛簷翹角，如閣似亭。殿周水池環繞，為寺院放生池。天王殿過後，就是大雄寶殿。大雄寶殿四周水池，池上架三座石拱橋，兩旁為寺院放生池，池內魚龜游嬉，生機盎然。大雄寶殿中央供奉三尊大佛，正中是釋迦牟尼，高十餘米，金光燦耀，左尊為消災延壽藥師佛，右尊是阿彌陀佛。兩側排列著形象各異、栩栩如生的十八羅漢金像。在三尊佛背後供奉的是釋迦牟尼佛的三大弟子：觀

音、文殊及普賢菩薩。大雄寶殿後便是第三層毗盧閣，閣內塑有
如來法身、報身、應身三像。

（二）七祖塔

在毗盧閣後，登九十九級臺階便到。唐開元二十八年（740）
十二月十三日，行思禪師升堂告眾，跏趺而逝。次年，唐玄宗敕
建此塔，賜額「七祖弘濟禪師歸真之塔」。塔為青磚砌成的五層
尖塔，塔外以木結構的三層樓閣復護。「其塔中舊有錫杖貝
葉」[23]，有詩云：「夢裡青原四十年，六朝來覲塔中仙。傳燈有
記貝書在，飛錫無聲霜井圓。」[24]且素有靈氣，《鐘銘記》曰：
「祖肉身住世八百餘年，里之人水旱疾疫，祈之輒應。」[25]到了
明弘治辛酉（1501），寺毀而塔獨存。明嘉靖庚寅（1530），重
修寺殿時，對七祖塔進行了修葺。天啟甲子（1624），護塔樓閣
改木柱為石柱，其門額「曹溪宗派」四個字，是明朝著名理學家
王守仁的手跡。此後，年久失修，護塔樓閣破敗，但石塔基本完
好。「文革」中石塔被炸毀，「曹溪宗派」石額尚存，現存淨居
寺內。一九九〇年七祖塔按原貌重建。

23 （元）陳泰：《偕猶溪諸公同游青原山謁七祖塔步韻並序》，《元詩選
初集·己集》。

24 同上。

25 （清）笑峰大然編撰，段曉華、宋三平校注：《青原志略》卷一，《山
水道場·七祖塔》，南昌：江西人民出版社，1998，第23頁。

（三）墨蹟四寶

顏真卿「祖關」字碑、黃庭堅詩碑、李綱詩碑和文天祥書寫的「青原山」牌匾，合稱為青原墨蹟四寶。

1. 顏真卿「祖關」

唐代宗大曆二年（767），即行思禪師圓寂之後不久，五十九歲的唐代名臣、大書法家顏真卿貶為吉州司馬，「十二月，游青原山靖居寺，書《靖居寺題名》。又書「祖關」二字」[26]。為了頌揚七祖行思禪師之德，「祖關」二字顏真卿特用八分書寫。據說，顏真卿寫這麼大的字極為少見，清代學者方綱題曰：「魯公八分惟見《東方贊》題額，未有如此之大者，誠可寶也。」[27]而且，難能可貴的是，雕刻後的字跡仍保持原來的神韻。康熙己酉（1669）夏，廬陵縣知事于藻在《青原山志略序》寫道：先君子嘗言，「米元章謂魯公筆跡，惟廬山、吉州題名，為不失真」。所謂吉州筆跡，即青原山「祖關」二字，曾收入金石志中。「頃餘適承乏廬陵，乃得至青原，親見其書法，眉目宛然，而恨先君之不作也。」[28]而不失真的原因，米芾是這樣解釋的：「顏清臣書，家僮刻之，修改失真。唯吉州、廬山題名，一書便去，後人

---

26 張守富、王汝濤、劉錫山編：《顏真卿志》第六輯，《顏真卿年表》，山東人民出版社，2009。

27 張守富、王汝濤、劉錫山編：《顏真卿志》，《顏真卿其他碑帖存目》，山東人民出版社，2009。

28 （清）笑峰大然編撰，段曉華、宋三平校注：《青原志略·序》，南昌：江西人民出版社，1998，第3頁。

刻之，反得其真。」**29**

對於顏真卿筆跡的保存狀況，宋代人有相關記載：「周子充記，隆興癸未（1163）猶及見顏魯公題名在塔左，今亡之矣。惟存『祖關』八分二字，鳳翥鵠峙，遒毅而俊逸，新裁而古雅，非後人所能。**30**此時，寺院題名已失，而「祖關」二字猶存。到了清代，笑峰大然（1642-1719）在《清原志略》中寫到：顏題名石亡，「祖關」二字，易為木額，今在藥樹堂外，與聖域對，作坊者臨本也。**31**「祖關」已是臨本木額。一九九三年，在淨居寺東二〇〇米處修山門石雕牌坊，「祖關」便為牌坊額首。右題：「周昭王甲寅年佛生石牌坊西域，漢明帝夢金人法傳東土。」左題：「達摩西來一字無，全憑心地用功夫。若能紙上尋了道，筆尖沾乾洞庭湖。」這便是墨蹟四寶之一「祖關」石坊。

2. 文天祥牌匾

南宋民族英雄文天祥，青原區富田鎮人，官至丞相。賦閑在家時，曾三登青原山，並留有《游青原二首》：

> 鐘魚間日月，竹樹老風煙。一徑溪聲滿，四山天影圓。
> 無言都是趣，有想便成緣。夢破啼猿雨，開元六百年。

---

29 （清）笑峰大然編撰，段曉華、宋三平校注：《青原志略》卷十二，《雜記‧顏魯公祖關字》，南昌：江西人民出版社，1998，第 356 頁。

30 內容同註 29。

31 （清）笑峰大然編撰，段曉華、宋三平校注：《青原志略》卷一，《山水道場‧青原墨蹟三寶》，南昌：江西人民出版社，1998，第 24 頁。

空庭橫蟠蜅，斷碣傴龍蛇。活火參禪筍，真泉透佛茶。

晚鐘何處雨，春水滿城花。夜影燈前客，江西七祖家。**32**

　　在遊覽時，文天祥曾為山門題寫匾額。《青原志略》有相關記載：「『青原山』三大字，宋咸淳（1265-1274）中文天祥書。元至正五年（1345）重修，向在紅亭，不知何時撤入閣下，李石園復修而懸亭中。」**33**現在淨居寺門中間，可見其正楷碑刻，三字蒼勁有力，如題者一般，凜然正氣。左邊有「解脫」二字，喻在擺脫塵世是的一切束縛、雜念與煩惱。右邊有「般若」二字，則是講學佛後的一種心無雜念的大智慧。

3. 黃庭堅詩碑

　　宋神宗元豐六年（1083），黃庭堅「為泰和令，謁郡，游青原山」**34**，「因極愛其山川，故為友元翁作此詩」**35**。元翁，即周壽，周敦頤之子，登元豐五年黃裳榜進士，嘗任吉州司法。黃庭堅與其交往甚密，互有詩作酬唱及書信往來。詩名《次周元翁

32 （宋）文天祥：《游青原二首》，載《宋詩紀事》卷六十七，四庫全書本。

33 （清）笑峰大然編撰，段曉華、宋三平校注：《青原志略》卷一，《山水道場‧青原墨蹟三寶》，南昌：江西人民出版社，1998，第24頁。

34 （清）笑峰大然編撰，段曉華、宋三平校注：《青原志略》卷十二，《雜記‧山谷碑跋》，南昌：江西人民出版社，1998，第358頁。

35 （宋）黃庭堅：《書青原山詩後》，載《青原志略》卷六，《遊記》，（清）笑峰大然編撰，段曉華、宋三平校注，南昌：江西人民出版社，1998，第135頁。

同曹游青原山寺長韻》，亦稱《七祖山詩》、《次韻周法曹游青原山寺》，且為黃庭堅親筆所書，云：

市聲固在耳，一源謝塵埃。乳竇響鐘磬，翠峰麗昭回。俯看行磨蟻，車馬度城隈。水猶曹溪味，山自思公開。浮屠湧金碧，廣廈構瑰材。蟬蛻三百年，至今猿鳥哀。祖印平如水，有句非險崖。心花照十方，初不落梯階。我行暝托宿，夜雨滴華榱。殘僧四五輩，法筵歎塵埋。石頭麟一角，道價值九垓。廬陵米貴賤，傳與後人猜。曉躋上方上，秋膌亂其荄。蓮子委箭鏃，葵花仄金杯。寒藤上老木，龍蛇委筋骸。魯公大字石，筆勢欲傾摧。德人曩來遊，頗有嘉客陪。憶當擁旌旗，千騎相排佪。且復歌舞隨，絲竹寫繁哇。事如飛鴻去，名與南斗偕。松風吟高丘，何時更能來。回首翠微合，於役王事催。猿鶴一日雅，重來尚徘徊。**36**

「後九年，海昏王君得其字刻之，曰：當送之祖山。未行，而魯直乙太史得罪，詩遂留王氏」**37**，現失傳。「及太史謫還，或以王君石上墨本飾僧壁，郡守程侯章、監郡章侯清悅好焉，於

36　（宋）黃庭堅：《次韻周法曹游青原山寺》，載《江西通志》卷一百
　　四十八，四庫全書本。

37　（清）笑峰大然編撰，段曉華、宋三平校注：《青原志略》卷十二，《雜
　　記‧山谷碑跋》，南昌：江西人民出版社，1998，第358頁。

是詩再勒石，視作詩蓋十有八年。」**38**這次由僧居月募匠再次刊刻，共計八石。清康熙二年（1663年），時任江西參議分湖西道的施閏章，游青原山看到刻碑後認為「魯直書凡八板，前七板皆真跡，後幅獨劣，非山谷筆。或當時偶遺數行，續以他手，遂非全璧」**39**，因就搜黃庭堅墨蹟補之，並集名書補寫燒錄黃庭堅外甥洪炎的原詩跋文及自題跋於第八石之後。八塊石碑中前七石均縱一百零四釐米、橫六十釐米，第八石縱一百零五釐米、橫五十釐米，共三十八行，分嵌大雄寶殿二側。可惜年久風化，剝蝕嚴重，現僅存四塊詩碑，但仍不失其風韻：筆法縱橫奇崛，筆鋒瘦硬。

4. 李綱詩碑

李綱（1083-1140），字伯紀。南宋初抗金名臣。高宗時出任右相，竭力主張收復失地，惜為相僅七十天，即被劾落職。紹興二年（1132 年），李綱去湖北途經吉州，曾遊青原山，應主持之請，書寫《遊青原山》贈給淨居寺。《青原志略》有載：「閱周益公集，有《跋伯紀丞相青原詩》一則云：『紹興初，李伯紀丞相游青原，贈師珪長篇，今登仕郎曾在出以見示，觀其志趣亦壯矣。』」**40**但李綱詩集並未記載此詩，方以智疑問：「考《李忠定

---

38 同上。

39 內容同註 37。

40 （清）笑峰大然編撰，段曉華、宋三平校注：《青原志略》卷十二，《雜記·李忠定公綱曾游青原》，南昌：江西人民出版社，1998，第 355頁。

集》無青原題，崇禎間，左三山光先令建寧所梓或刪之耶？」[41]
清代康熙二十年（1681 年），本地人楊霖將李綱手書真本刻在
四十一塊石碑上，送到淨居寺嵌在齋堂牆上。因字體蒼勁，後人
爭相拓摹，惜現僅存殘碑十一塊。

（四）卓錫泉

在七祖塔之左，相傳七祖初入山時，以錫杖拄地而成泉，水
味甘洌，清澈見底，但泉深不盈盡，終年不滿不涸。且泉水還有
特殊的功效，《青原志略》有載：「泉最甘洌，土人病熱者，焚
香告汲，飲之即愈。」[42]

（五）試劍石

在七祖塔右百餘步，大石數疊，倚山而立，故稱為「試劍
石」，石上多有古人詩書遺跡，今皆不可見。

（六）倒插荊

位於七祖塔旁，為七祖所親植，最具傳奇色彩。傳說七祖未
得真諦之前，遊方青原，見其山水佳絕，因隨手拔一荊樹倒插在
今淨居寺側。說此地若為靈地，樹當活，後果應。明郭子章提及

---

41 內容同註 40。

42 （清）笑峰大然編撰，段曉華、宋三平校注：《青原志略》卷一，《山
水道場‧青原諸泉》，南昌：江西人民出版社，1998，第 24 頁。

「則青原者，在唐則行思祖開基植黃荊，至今千年不槁。」[43]笑峰大然筆下則是「掖門之下有枯樹，圍三丈，高十丈，即所謂『倒插荊』」[44]，足見其雄偉。而且亦頗顯靈性，「萬曆乙卯（1615年），旁生一枝，殿宇重新。笑峰大師至此，枯皮之上生栬焉。藥地大師來，復生三枝，將與孔林之檜同耶，何可思議！」[45]此即為今人眾所周知的「青原三十六景」之一的「倒插荊」了。但這棵倒插荊在「文革」中也未逃脫浩劫，被連根砸掉。今可見的只有「七祖親栽柏」了，兩棵蒼翠挺拔的柏樹，樹高二十餘米，樹圍三點六米，據說這也是當年七祖行思開闢青原道場時親手栽種。

此外，山中有潭、泉、峽等景物景觀三十餘處，如：五笑泉、釣魚臺、小三疊泉、觀音坐蓮、石猴賞月、仙人鑿字等，清溪飛瀑、寶樹奇石錯落其間。

43 （明）郭子章：《荊杏雙修引》，載《青原志略》卷七，《疏引》，（清）笑峰大然編撰，段曉華、宋三平校注，南昌：江西人民出版社，1998，第158頁。

44 （清）笑峰大然編撰，段曉華、宋三平校注：《青原志略》卷一，《山水道場・七祖塔》，南昌：江西人民出版社，1998，第23頁。

45 同上。

第二節 ▶ 南天八祖道場——靖安石門山

一、地理環境

「茲山甲天下，蔥翠自開闢。石蹬空自清，峰巒映金碧。」[46] 詩中讚譽的便是南天八祖道場石門山。石門山位於靖安縣城以北二十公里處，因其前兩山對峙，如石門聳立，故得此名。清人周體觀在《石門山志》序曾提及：「建昌石門山者，即靖安寶峰山也」[47]。原也稱寶珠峰，因為「其峰尖圓峻削，四面青草，中圈獨黃，遠望如佛頂珠，故曰寶珠峰。」[48]寶峰山川回合，地勢靈奇，左右兩山對峙，擁抱山門，後座有七嶺奔來，俗云「九龍聚會」之地。《靖安縣誌》也有載：今群峰錯峙，流水潺湲。景色清幽，十分宜人。[49]

二、宗教文化

石門山名揚天下並不只是因為它秀麗的風景，主要在於它是禪宗八祖的葬骨處。馬祖（709-788 年）曾在石門山林間經行，因「愛其山水奇勝，洞壑平坦，顧謂其從曰：『吾朽質之日，歸

---

46 （清）釋善權：《石門山大才疏》，清道光五年《靖安縣誌》。

47 （清）周體觀：《石門山志》序，清道光二十八年《靖安縣誌》。

48 《靖安縣誌》，清乾隆十六年刊本。

49 《靖安縣誌》，南昌：江西人民出版社，1989 年，第 688 頁。

骨於此。」」[50]唐貞元四年（788 年），馬祖圓寂，歸骨於石門山。此後，石門山便與禪宗緊密相聯，成為馬祖弟子的主要道場。唐《輿地志》云：「爾寶峰之盛，正以馬祖藏塔始盛也」。自時厥後，屏障頓開，梵宮聳立，尊耆老，宿主席，嗣興不能悉數。[51]

讓石門山盛況空前的馬祖，北宋人對他是這樣評價的：

> 《捫虱新話》云：世傳王荊公嘗問張文定公，曰：「孔子去世百年生孟子，亞聖後絕無人？何也？」文定公曰：「豈無？又有過孔子上者。」公曰：「誰？」文定曰：「江南馬大師、汾陽無業禪師、雪峰岩頭、丹霞雲門是也。」公暫聞，意不甚解，乃問曰：「何謂也？」文定曰：「儒門淡薄，收拾不住，皆歸釋氏耳。」荊公欣然嘆服。後語張天覺，天覺撫幾歎曰：「達人之論也！」[52]

這位「有過孔子上者」的「江南馬大師」就是馬祖。王安石等對他有如此之高的評價，是因為其在中國佛教禪宗發展史上有十分重要的作用。

---

50 （元）釋念常撰：《佛祖歷代通載》卷十四，四庫全書本。
51 （清）周體觀：《石門山志》序，清道光二十八年《靖安縣誌》。
52 （明）胡應麟撰：《雙樹幻鈔下》，《少室山房筆叢正集》卷三十二，四庫全書本。

　　禪宗六祖慧能（638-713年）在韶州曹溪大倡頓悟法門，宣傳「見性成佛」，對傳統佛教進行根本性的改革，拋棄了六朝以來被弄得繁縟不堪的印度佛法，一掃傳統佛教的繁瑣哲學，創立了一個具有玄學特色而又簡捷明瞭，不僅適合中國士大夫口味，而又極容易被下層百姓所接受的嶄新佛教教派。[53]慧能門下有兩大高足，一為懷讓，一為行思。後懷讓（677-744年）居衡州南嶽傳法，其支下稱「南嶽系」，行思（？-740年）居吉州青原山傳法，其支下稱「青原系」。六祖曾告知懷讓「西天般若多羅讖汝足下出一馬駒踏殺天下人」[54]，此「馬駒」即馬祖，法名「道一」，因俗姓馬，故世人尊稱馬祖。「漢州什邡人也，本邑羅漢寺出家。形容奇異，牛行虎視，引舌過鼻，足下有二輪文。幼歲依資州唐和尚落髮，受真於渝州圓律師。唐開元中，習禪定於衡嶽山中，遇讓和尚。同參六人，惟師密受心印。」[55]密受心印，深領玄奧的馬祖四處佈道，廣建叢林，大興禪法。形成「即心是佛」、「非心非佛」與「平常心是道」佛學思想體系，提出「觸境皆如」、「隨處任真」等理論命題，主張「道不用修」、「任心為修」修行實踐，創立「機鋒」、「棒喝」施教之法，形成了一種自由活潑的禪風，將六祖惠能「頓悟自性，見性成佛」的禪學

53 《馬祖道一與寶峰寺》，《宜春禪宗志》，北京：中國文史出版社，2007年，第174頁。

54 （宋）釋普濟撰：《六祖大鑒禪師法嗣》，《五燈會元》卷三，四庫全書本。

55 （清）陳宏緒撰：《證今》，《江城名跡》卷三，四庫全書本。

思想推到一個更高的境界。從而在江西建立起一個民眾基礎最為雄厚、勢力最大的禪宗宗系「江西禪」（因該宗系以洪州為中心，所以又稱為「洪州禪」），大大推進了禪的中國化進程。馬祖佈道時，「時連帥路公嗣恭親授宗旨，由是四方學者雲集。」[56]座下法嗣甚眾，「入室弟子一百三十九人，各為一方宗主，轉化無窮……百丈山懷海禪師與西堂智藏、南泉普願同號入室，時三士為角立焉。」[57]特別是再傳法嗣溈山靈祐與第三代臨濟義玄分別開創中國禪宗的溈仰宗與臨濟宗，成為中國禪宗「五家七宗」的重要組成部分。所以，馬祖是佛教發展史承前啟後階段上一個界碑式的人物。

因馬祖歸葬而著名的石門山到底盛況如何呢，《宜春禪宗志》有相關的整理：

馬祖歸真後，寶峰寺頓時成了馬祖入室弟子的重要道場。百丈懷海、泐潭法會、泐潭惟建、泐潭常興均曾弘法於此。

有幸住持寶峰者多為尊宿，有緣參問寶峰者多有學成。

百丈懷海（720-814），原為馬祖法嗣。「馬大師歿於豫章開元寺，弟子懷海、智藏輩葬舍利於海錯石門。亦廬塔十餘年。」[58]後遷奉新百丈山，創百丈清規。

溈山靈祐（771-853），「詣泐潭禮百丈，丈一見，許之入

---

56 內容同註 55。
57 內容同註 55。
58 （宋）釋惠洪撰：《禪林僧寶傳》卷五，《筠州九峰・禪師》，四庫全書本。

室，遂居參學之首。」[59]後居湖南潙山。為潙仰宗創始人之一。

耽源應真，嘗與懷海論禪寶峰，後居吉州耽源山，傳圓相與慧寂。慧寂開「仰山門風」。

雲岩曇晟（769-829），「始生，……遂請出家於石門，年滿具法，參見百丈山海禪師，二十年為侍者。」[60]後在修水雲岩寺傳教，收良價為徒，遂為曹洞宗祖師。

洞山良價（807-869），辭雲岩後，問法寶峰，聲名大振。後居宜豐洞山，創曹洞宗。

九峰道虔（？-923），初居上高九峰，開筠州五大道場之一。「後化緣泐潭寶峰禪院。……師自九峰往遊焉，遂成法席，為泐潭第一世，繼海遺蹤也。」[61]

黃龍慧南（1002-1069），依懷澄禪師，「澄有時名，一見器許之。及澄移居泐潭，師又與俱。澄使分座接納，名振諸方。」[62]後遷修水黃龍山，創黃龍宗。

東林常總（1025-1091），「洪州太守榮公修撰請住泐潭，其

59 《潙山靈佑》，《宜春禪宗志》，北京：中國文史出版社，2007 年，第 75 頁。

60 《雲岩曇晟》，《宜春禪宗志》，北京：中國文史出版社，2007 年，第 71 頁。

61 《九峰道虔》，《宜春禪宗志》，北京：中國文史出版社，2007 年，第 91 頁。

62 《黃龍慧南》，《宜春禪宗志》，北京：中國文史出版社，2007 年，第 104 頁。

徒相語曰：『馬祖再來也。』」**63**後住持廬山東林寺，「天下學者
從風而靡，叢席之盛，近世所未有也。」**64**

　　寶峰克文（1025-1102），住持寶峰寺時，江西「民信其化，
家家繪其像，飲食必祠」**65**。王安石曾舍金陵家宅為寺，請其住
持。

　　覺範慧洪 （1071-1128），師從克文，隨克文居寶峰。為宋
代著名詩僧與禪史家，著述甚豐。

　　大慧宗杲（1089-1163 年），「趨寶峰，湛堂文准禪師見師風
神爽邁，特加器重，使之執侍，指以入道捷徑。」**66**文准臨終，
囑投圓悟克勤。後大行公案禪法，稱「看話禪」。

　　「環以絕巘，呀為洞壑，平坦在中，幽偏自久。是謀薪火塵
劫之會，非議岡阜地靈之吉。」**67**這是馬祖選擇石門山為歸骨地
的原因，從後來的歷史看，正如馬祖所願。歷代此地高僧濟濟，
宗風興盛，真不愧為千年佛教名山。

---

63 《東林常總》，《宜春禪宗志》，北京：中國文史出版社，2007 年，第
　　112 頁。

64 同上。

65 （宋）釋覺範撰：《雲庵真淨和尚行狀》，《石門文字禪》卷三十，四
　　庫全書本。

66 《徑山宗杲》，《宜春禪宗志》，北京：中國文史出版社，2007 年，第
　　135 頁。

67 （宋）釋贊寧撰：《唐洪州開元寺道一傳》，《宋高僧傳》卷十，四庫
　　全書本。

三、風景名勝

(一) 寶峰寺

舊志載：「寶峰寺為靖邑第一名剎」。[68]寶峰寺於天寶年間（742-756），由水潦和尚始建。因位於泐潭之濱，最初稱為泐潭寺。後稱法林寺。因座落在石門山內，故又有「石門古剎」之稱。貞元四年（788 年）正月，馬祖道一登石門山，因愛其風景，相中此處為歸葬之地。回南昌開元寺後，於二月四日跏趺入滅。遵其遺囑，靈骨歸葬石門山。當時葬禮十分隆重：「其時日變明晦，人萃遐邇。楫覆水而為陸，炬通宵而成晝。山門子來，財施如積。邑裡僧供，飯香普熏。自昔華嚴歸真於嵩陽，善導瘞塔於秦嶺，禮視齊斬，人傾國城，哀送之盛，今則三之。」[69]場面十分隆重，被稱為佛門第三次盛大葬禮。由此，亦足見馬祖在當時的影響之大。自馬祖歸骨以後，他的入室弟子懷海結茅守靈三年，法嗣道通、常興、法會、懷建諸禪師入主泐潭，貞元七年（791），左僕射權德輿奉德宗李適的命令建成石門馬祖塔，並撰塔銘，「銘曰：達摩心法，南為曹溪。頓門巍巍，振拔沉泥。禪師弘之，俾民不迷。九江西部，為一都會。亦既戾止，玄津橫霈，慈哀攝護，為大法。礭五濁六觸，翳然相蒙。直心道場，決

---

68 同治《靖安縣誌》卷二《建置志‧寺觀》，臺北：成文出版社有限公司，1989，第 256 頁。

69 （宋）釋贊寧撰：《唐洪州開元寺道一傳》，《宋高僧傳》卷十，四庫全書本。

之則通。隨器受益，各見其功。真性無方，妙道不竭。顧茲夢幻，亦有生滅。微言密用，煥炳昭晰。過去諸佛，有修多羅，心能悟之，在一剎那。何以寘哀，茲窣堵波。」[70]元和八年（813），宣宗李純賜馬祖諡號大寂禪師，塔為大莊嚴塔，泐潭寺成為馬祖道一祖庭。會昌六年（846）因武宗滅佛，寺宇遭難。大中元年（847）宣宗繼位，大開佛門禁令。大中四年（850）江西觀察使裴休奉宣宗敕重建馬祖塔並寺，賜額「寶峰」。此後，法林寺改名寶峰寺，千百年來寺名沿用至今。此後，寺院屢頹屢修。如宋代，馬祖門下第十世曉月禪師，「原字竺卿，明教契嵩禪師為易字公晦。住泐潭一十五年，創殿前雙閣，契嵩為之記。」[71]馬祖門下第十二世福深禪師，造天書閣於祖殿後，承閣之下名曰選佛堂，知州張商英為之作記。清雍正十三年（1735），世宗加封馬祖為「普照大寂禪師」。道光年間，寶峰寺佛殿傾頹，莊嚴法相半就塵湮，山土田產亦多失業。道光二十四年（1844），靖安邑民公舉城西上林庵住持如盛和尚入主寶峰寺。如盛進寺，清查產業，重修廟宇，於寺前寺後植松樹柏達三年之久。爾後，寶峰寺門牆高峻，林木森然，頗有叢林氣象。[72]清同治時，寶峰寺亦為

70 同治《靖安縣誌》卷十二 《藝文志・銘碣・唐寶峰馬祖大寂禪師塔銘》，臺北：成文出版社有限公司，1989，第 1243 頁。

71 《泐潭曉月》，載《宜春禪宗志》，北京：中國文史出版社，2007 年，第 106 頁。

72 《馬祖道一與寶峰寺》，《宜春禪宗志》，北京：中國文史出版社，2007 年，第 179 頁。

靖邑第一名剎。**73**寶峰寺迭經興衰，至建國前夕，寺廟殘破不堪，佛像所剩無幾。一九五三年秋，虛雲老和尚率門人侍者來寺朝禮，而後多次計畫修復事宜。一九五六年三月釋寬鑒來主持寺廟後，和尚增至二十四名，開荒三十餘畝，一九五七年反右鬥爭後，廟堂又趨衰落。一九五八年，公社借辦中心小學。一九六六年，縣城中學紅衛兵集隊前往寶峰寺，燒毀佛像，拆毀大莊嚴塔，趕走和尚。**74**一九九二年，一誠禪師倡議修復寶峰寺，次年興工，相繼修建大雄寶殿、法堂、天王殿、客堂、雲水堂、禪堂、虛懷樓、雲海樓、山門及諸廂房。至一九九九年，各處殿堂及諸聖像完工。是年秋季舉行開光落成典禮，並開期傳授三壇大戒。二〇〇〇年，又於寺內復辦江西佛學院，興建教學大樓。寶峰寺屢更成壞，仍不失名剎之風，正如唐代宰相裴休的《題泐潭》詩所言：「浩劫有窮日，真風無墜時」。**75**

寶峰寺不僅是名僧聚首之地，而且有許多名士在此遊玩、講學。著名的唐宋八大家之一的蘇轍曾在洪休上人為馬祖修塔時遊寶峰寺，並留有詩《洪休上人少年讀書以多病出家居泐潭為馬祖修塔以轍絕句來謁答一首》：「早除郎將少年狂，祖塔結緣歸故鄉。習氣未消餘業在，逢人依舊琢詩章。」心學大師王陽明曾遊

73《靖安縣誌》，清同治九年刊本。

74《靖安縣誌》，江西人民出版社，1989 年，第 706 頁。

75（唐）裴休：《題泐潭》，載《御定全唐詩》卷五百六十三，四庫全書本。

歷於馬祖道場雲峰寺講學，並留有詩句。

　　寶峰寺門為四柱三門七簷，琉璃瓦覆頂，巍峨壯觀的牌坊式建築。額枋正中有中國佛教協會會長趙朴初手書的「馬祖道場」四個行楷大字，旁邊分別鐫刻著「江右禪宗」，立柱上為現中國佛教協會會長、寶峰寺方丈一誠法師親撰的楹聯：「寶峰淨域，法雨源流，天下叢林從此啟；馬祖道場，宗風廣被，西來大意個中求。」這一聯點明了寶峰寺為中國禪宗之淵藪。牌坊前有一處呈半月形放生池，正中一座觀世音菩薩像。池南建有九龍壁一座，用青石雕制而成，造型古樸，與牌樓交相輝映。進入牌坊後，向西行數十步，有正殿四重：一進為山門殿，單層翹角，門楣上鐫有趙朴初先生所書的「寶峰禪寺」四字。過了山門，便是天王殿，迎面一尊彌勒佛，祖胸露腹，雙耳垂肩，赤腳而立，笑容可掬。兩旁柱上鐫有對聯：「日日攜空布袋，少米無錢，只剩得大肚寬腸，不知眾檀越信心時，用何物供養；年年坐冷山門，接張待李，總見他歡天喜地，請問這頭陀得意處，有什麼來由。」天王殿兩側供奉四大天王：東方持國天王、南方增長天王、西方廣目天王、北方多聞天王。在彌勒佛的背後，是一尊韋馱菩薩，面對大雄寶殿。兩側亦有聯：「護法安僧，親受靈山囑咐；降魔伏怨，故現天將威風。」三進為大雄寶殿，坐北向南，面積一一〇〇平方米，為寶峰寺的主體建築。磚木結構，雙簷雙斗拱，三大門七開。殿內有立柱四十二根，正中塑釋迦牟尼、阿彌陀佛和藥師佛三尊大佛像，高十三米，全身貼金，極其肅穆。大殿四壁塑有五百羅漢，形態各異，神情逼真；四進為法堂、藏經樓，為兩層閣樓，建於寺院較高處，登高眺望，可欣賞全寺風

景。正殿兩邊有廂房、配殿，均為兩層，磚木結構。東側自南北，依次為鐘樓、客房、功德堂、伽藍殿、齋堂、上客堂、影堂。外側與之平等的有內客堂、祖堂、韋馱殿、學戒樓、方丈室。其外側有禪堂。總建築面積有一〇〇〇〇餘平方米，整個殿宇佈局為長方形，所有殿堂與廂房均建有遊廊。

（二）馬祖塔

馬祖塔即大莊嚴塔，在寶蜂寺後院，與寶峰寺命運休戚相關、興替相聯。馬祖於唐貞元四年（788 年）圓寂，藏靈骨舍利於寶珠峰下。貞元七年（791 年），左僕射權德輿奉德宗李適命在寶峰建馬祖塔，並撰銘文。1966 年在馬祖塔地宮內出土的舍利石函便記有：「維唐貞元七年歲次辛未七月庚申朔十七日景子，故大師道一和上黃金舍利建塔於此地。大師貞元四年二月一日入滅。時洪州刺史李兼、建昌縣令李啟、石門法林寺門人等記」，**76** 亦可作為佐證。元和八年（813）憲宗李純賜馬祖「大寂禪師」諡號，塔為「大莊嚴塔」。會昌六年（846 年），因武宗滅佛，寺宇遭難的同時，馬祖塔被毀。馬祖塔石函上的文字印證這段歷史：「洎會昌六年，武宗不喜釋氏子……天下諸節使一，留寺一所，僧眾五六而已，其塔一例毀坼」，這是寶峰禪寺與馬祖塔受到首次災難。大中四年（850 年），敕江西觀察使裴休重修馬祖塔，頗為壯觀，並建木質拜亭護其塔。後周世宗輕佛，寺塔皆

76 《江西歷史文物》，江西省博物館編，1981 年第 4 期。

搗。**77**至宋英宗治平三年（1066 年），修復塔寺。宋元豐（1078-
1085）間，塔遷異地。見舍利石函上的文字：大師自唐建塔，
諸□長老綿相繼，續滔聯芳。宋元豐間，遷「上頂頭」，人物凋
瘵，到今近六百年矣。元代英宗至治元年（132 年），又遷回原
址，現存塔亭主樑所刻小字可證：大元至治辛酉九月十二日吉安
路程西昌、檀越蕭履寶施財重遷舊址住山，釋能識記歲月」。明
清兩代馬祖塔沒有受到衝擊。五十年代，塔仍完好。一誠在《馬
祖道一禪師塔銘》寫到：然余於一九五七年受雲公之囑至寶峰禮
祖時，見塔巍然屹立，唯寺宇頹甚。**78**一九六六年八月「破四舊」
時塔毀，地宮遭掘。「所歎者，於西元一九六六年十載浩劫始，
塔復遭毀，並掘塔底零點五米處，有漢白玉石函，其中灰色瓷
缸，有鎏金小塔並甕內安金屬圓筒，據載舍利多粒。」**79**一九九
三年，一誠重建寶峰寺，倡修祖塔，復原地宮。

　　現塔高三點七八米，用漢白玉琢造而成，分塔基、塔身、塔
剎三部分。塔基又分三層，底層為須彌座；第二層為正方體塊，
四周有九尊聖像；第三層為扁形正方體塊，刻有祥雲紋。塔身為

---

77 一誠：《馬祖道一禪師塔銘》，載《宜春禪宗志》，北京：中國文史出
　　版社，2007 年，第 251 頁。但妙安在《寶峰禪寺馬祖塔考辨》（發表
　　於《宜春學院學報》2004 年 10 月第 26 卷第 5 期）中認為：五代十國
　　期間，後周世宗法難只局限在北方毀損寺塔、經像等，寶峰寺及馬祖
　　塔沒有受到衝擊。

78 一誠：《馬祖道一禪師塔銘》，載《宜春禪宗志》，北京：中國文史出
　　版社，2007 年，第 251 頁。

79 同上。

長正方體，正中央鐫有「馬祖道一大寂禪師舍利之塔」字樣，落
款為「癸酉年清和月，啟功敬題」。背面為「心外無別佛，佛外
無別心」之語，落款為「馬祖道一禪師塔成志慶，全國政協委
員、中國佛教協會副會長周紹良敬書」。東面鐫有唐代同平章事
權德輿所撰的《寶峰馬祖大寂禪師塔銘》；西面刻了一誠所撰的
《馬祖道一大寂禪師塔銘》。地栿、額枋、槽枋分別浮雕喜鵲登
梅、玉樹金華、龍吟國瑞、祥鳳來儀、雙獅戲球、太平有象等寓
意圖案。地宮藏祖之靈骨與舍利，銀質鎏金甕盛靈骨。器壁刻祖
師菩薩、結良緣菩薩，底部鐫：「鑒修管勾溫良、勸緣地理岫雲
惟懋、舍財建塔施主肖道誠、嗣祖二十二代法孫妙周、都寺道則
嗣旻、銀匠吳鎔、吳潤。」銀盒藏舍利，蓋面銘刻：「祖師舍利
一百二十顆。」並銀牌、銀錠各一，皆置於石函。塔外有一座護
亭，以花崗岩為原料，六柱六角，攢尖式亭頂，亭高五點五〇
米，塔亭主樑刻有重建時間文字。塔亭前有百年金桂兩株，綻放
之季，清香四溢。

（三）克文禪師塔

寶峰克文（1025-1102），北宋黃龍宗名僧。徽宗崇寧元年
（1102）十月示偈遺誡門人而歸寂，分骨寶峰、洞山。葬寶峰處
即在寺南寶蓮峰，原塔圮廢，二〇〇四年重修。花崗石質六角
形，須彌座飾蓮瓣紋。塔身碑文：「泐潭真淨克文和尚塔，佛曆
三〇三一年歲次甲申孟夏重立」與克文行狀，並浮雕金剛力士於
兩側面。五層腰簷，每層之間六面鐫《能斷金剛般若波羅密
經》，柱狀式寶頂。通高六點九米。塔地為二層台，墁石置鉤

欄。

（四）文准禪師塔

在寶峰寺西太陽山。文准系黃龍三世宗匠。宋政和五年
（1115）七月二十二日說偈而化。墓塔及拜亭在「文革」時破
壞，地宮被掘，僅存其石柱須彌座等殘破構件。二〇〇四年冬，
此塔重建，大青石質，平面呈六角形，金剛寶座，飾以仰覆蓮
紋。雙層腰簷，六面攢尖式蓋，冠其覆缽、受花、焰光頂。通高
四米。碑泐：「湛堂文准禪師之塔，寶峰禪寺住持一誠重建」。

（五）明禪師塔

在寶峰寺東隅。又稱「普通塔」。花崗石造，呈四方形，須
彌座上下梟、枋飾蓮瓣紋，束腰四角為竹節柱，中板浮雕盤龍，
蓮瓣紋墊盤承托塔身。碑刻：「臨濟正宗南宋明禪師舍利之塔」。
上部施額枋、斗栱、檐梁，方形瓦壟寶蓋，四角上翹，冠寶瓶式
剎。此塔地宮瘞南宋高賢、住持、普同三塔出土的石函七具，磚
函四具。明禪師石函銘刻：「師乃蘄州蘄春縣，族姓呂氏，得法
於舒州太平佛鑒禪師，初住妙定，次住雲蓋，後住本山十有二
年。紹興二十三年二月初十日示寂，俗壽七十九，僧臘六十五。
七日茶毗，收五色舍利不計其數，二十日入靈骨於塔。」淨慧希
祖石函泐：「住當山第二十六代淨慧希祖禪師，洪州南昌縣，俗
姓徐。紹興二十三年住當山，二十五年十一月初一日示寂，俗壽
六十三，僧臘五十，初七茶毗，十四入塔。沙門知事比丘道傳
記。」還有第二十八代、第七十代禪師銘記石函，其餘骨灰函均

無文字。

（六）千年古柏

寶峰寺內庭院四周及人行道兩旁現存古柏四十九株，樹齡很長，據說達千年以上。樹高二〇米左右，由於昔日僧人逐年修剪，樹形規整，多呈寶塔形。由於歷代僧人的培育保護，古柏堅強挺拔，蒼鬱清潤。其中有六株萌植世遠，枝葉萎而複生，古氣蔚然。

（七）古剎石刻

石門山有兩處石刻古跡最引人注目。一是「石門古剎」石碑，現藏於寶峰寺內。青石質，長一點九米、寬〇點七五米。上鑴行書「石門古剎」，字大二十九釐米。署款為「住持募化重建，光緒甲辰十月上浣吉立」。橫匾周邊以忍冬花紋飾。另一塊是「第一山」石刻，現亦藏於寶峰寺內。青石質，高二點三八米、寬〇點八七米。縱刻行書「第一山」三字，字體甚大。左署「米芾書」，右記「南宮此跡向在盱眙，摹刻茲山永壯名嶽」。紀年為「道光丁未仲秋邑人舒化民識，住持僧如盛泐石」。

（八）寶峰奇石

自古以來，寶峰多出奇石。清代《江西通志》記有：泐潭在靖安縣寶峰寺旁。潭中有石如木魚，擊之有聲。有石如硯，注水

一泓，四時不竭。**80**

第三節 ▶ 曹洞宗發祥地──宜黃曹山和宜豐洞山

一、曹洞宗派

（一）宗派淵源

宋人晁迥在其所撰的《法藏碎金錄》寫到：

> 看《傳燈錄》有菩提達摩付慧可傳法偈云：吾本來茲
> 土，傳教救迷情。一花開五葉，結果自然成。竊詳達摩為一
> 花，下至六祖為五葉，不復傳衣，又是前定預知之一也。**81**

菩提達摩偈語中預知的「五葉」繼承了南宗六祖慧能的衣
缽。禪宗自慧能而興，其有高徒四位：南嶽懷讓、青原行思、荷
澤神會、南陽慧忠，但只有南嶽、青原二家弘傳最盛。南嶽下數
傳形成溈仰、臨濟二宗，青原下數傳分為曹洞、雲門、法眼三
宗，這五宗因同屬禪宗，可上溯到祖師達摩，故世稱「一花五
葉」。臨濟、曹洞是「五葉」中流傳最久最廣的二宗，可以說，

---

80 雍正《江西通志》卷七，《山川志》，四庫全書本。
81 （宋）晁迥撰：《法藏碎金錄》卷五，四庫全書本。

他們是中國禪宗的代表派別。

（二）曹洞釋名

作為代表之一的曹洞宗，始於浙江諸暨僧人良價，完成於良價弟子福建涵江僧人本寂。由於良價住洞山，本寂居曹山，所以禪林中把師徒兩人創立、弘揚的新禪宗稱為「曹洞宗」（次序作顛倒，不言「洞曹」而言「曹洞」，只是為了讀音方便）。其淵源可上溯到六祖：曹溪慧能傳青原行思，青原行思傳石頭希遷，石頭希遷傳藥山惟儼，藥山惟儼傳雲儼曇晟，雲儼曇晟傳洞山良價，再由洞山良價傳曹山本寂。所以禪林也有人以為「曹」為六祖「曹溪慧能」，「曹洞宗」便是取洞山上承「曹溪」之意，但世裔相間久遠，這種解釋顯得有些牽強。

（三）宗派特點

禪宗諸宗之所以各成一家，在於其接引學人各有一套特殊的方法。曹洞宗的特點便在其「五位君臣」說。

曹洞宗屬青原法系，注重客觀，講「即事而真」，意謂個別事物顯現世界本體，理事「互回」，進而擴充為「五位君臣」，從事理、體用關係上說明事理不二、體用無礙的道理。

「五位君臣」，是曹洞宗的教義和教學方法。用「正」、「偏」、「兼」三個概念，配以「君」、「臣」之位，用以分析佛教真如與其派生之世界萬有關係。「正位」，即是「君位」，指真如本體，「本來無物」。「偏位」，即是「臣位」，指萬有事相。「偏中正」，即「臣向君」，指唯見真如，不見事相，「舍事入理」。

「正中偏」，即「君視臣」，指唯見事相，不見真如，「背理就事」。「兼帶」，即「君臣合道」，指將體用、真俗、理事、淨染等統一起來，不要偏於一邊。

曹洞宗講禪法的語句偏正回互，互相配合而構成五種形式，因而有「唱」有「敲」，於中聽出他們的偏正來。故說曹洞宗「家風細密，言行相應，隨機刊物，就語接人」。其宗眼人謂「敲唱為用」。

（四）宗派流傳

曹山本寂支下法脈並不長，四傳之後便斷絕。後來的傳承由良價的另一法嗣雲居道膺（835-902）一脈綿延趨盛，傳到天童正覺（1091-1157）時，曹洞宗再度廣揚天下，國內許多著名禪林都是由曹洞宗法嗣所創，當時有這種說法：「今天下舉宗者，往往推少林，而少林所宗者蓋曹洞也」。[82]

曹洞宗在海外也廣揚。早在良價住持洞山時，日本僧人瓦室能光到洞山參師良價，並在洞山住了三十年。

新羅（今朝鮮）僧人利嚴（870-936）曾嗣法於道膺，歸國後在須彌山建廣照寺，創須彌山派。

雲居道膺下傳十一世，長翁如淨（1163-1228 年）成了曹洞宗傳人。奉敕主浙江寧波天童寺，學眾輻輳，門庭清嚴，海內以為法式。南宋嘉定十六年（1223），日本僧人道元（1200-1253）

---

82 趙寶俊：《少林寺》。上海：上海人民出版社，1982 年版。

第三章・宗教文化名山

到達寧波天童寺，投入長翁如淨門下，事師三年，得禪法而歸。道元歸國後，在福井縣建永平寺傳佈曹洞宗法。由是，曹洞宗便有了東渡扶桑之行。南宋紹定元年（1228），長翁如淨弟子寂圓智深（1207-1299）東渡日本。其時，道元已圓寂，便參其弟子孤雲懷奘，於福井縣大野創寶慶寺，成為日本曹洞宗「寂圓派」之祖。傳入日本的禪宗，滲入到思想、文學、美術、風俗、習慣等各領域，對日本國民生活影響極大。如茶道、花道、香道與書道等，均隨禪宗的發展而流行。道元所創立的日本曹洞宗，其習禪要訣「只管打坐」，以靜坐沉思來修行以達開悟，故擁有較大多數的平民信徒，至二十世紀八〇年代，已發展到一〇〇〇多萬人。

二、曹洞鼻祖

（一）洞山良價

良價（807-869），俗姓俞，浙江諸暨人，唐代高僧，禪宗五大家之一曹洞宗的開山祖師。良價雖歸宗於石岩曇晟門下，但他並非自蔽於一家，而是廣泛參學，博採眾長，先後從五泄山靈默、南泉普願、潙山靈祐、石岩曇晟等問學。《宋高僧傳》有記其「少孺從師於五泄山寺。年至二十一方往嵩山具戒焉。登即游方，見南泉禪師，深領玄契。續造雲岩，疑滯頓寢」[83]。良價在

---

83 （宋）釋贊寧撰：《唐洪州洞山良價》，《宋高僧傳》卷十二，四庫全書本。

嵩山受具足戒後，游方首謁南泉普願，「值馬祖忌日設齋，泉問眾曰：『今日設齋未審馬祖還來否？』眾無對。師乃出，對曰：『待有伴即來。』泉聞之，贊曰：『此子雖後生，卻堪雕琢。』師曰：『和上莫壓良為賤。』」[84] 此時便名播天下，呼為作家。次謁溈山靈祐，機緣不契，溈山薦其參學雲岩。便至雲岩寺謁曇晟，問「無情說法」公案義，得心印而辭歸，途經洞山，涉水見影，大悟前旨。並作偈云：

> 切忌從他覓，迢迢與我疏。我今獨自往，處處得逢渠。
> 渠今正是我，我今不是渠。應須恁麼會，方得契如如。[85]

認為無須四處去求佛，佛在性中，心即是佛，覺悟不假外求，得道靠頓悟，用不著以打坐息想、起坐拘束其心地終年修行來漸悟。由是創造出了一整套認識事理的理論，形成「五位君臣」說，視佛性為世界的精神本體，萬事萬物為現象。強調頓悟，反對「拘束其心」地漸悟。其禪風則以回互細密見稱，一時風靡禪林。《五燈會元》有記：

> 價師自唐大中末於新豐山接誘學徒，厥後盛化豫章高安

84 （元）釋念常撰：《佛祖歷代通載》卷十七，四庫全書本。

85 （宋）釋普濟撰：《雲岩晟禪師法嗣》，《五燈會元》卷十三，四庫全書本。

之洞山。權開五位，善接三根。大闡一音，廣弘萬品。橫抽寶劍，剪諸見之稠林。妙葉弘通，截萬端之穿鑿。又得曹山深明的旨、妙唱嘉猷。道合君臣，偏正回互。由是洞上玄風播於天下。故諸方宗匠咸共推尊之，曰「曹洞宗」。**86**

　　良價的禪學思想更完整地體現在他的作品中。他陸續撰有《玄中銘》《五位君臣頌》《五位顯訣》《寶鏡三昧》《綱要偈》與《新豐吟》，此外還編纂過《大乘經要》一卷，其言語被弟子整理成《曹州洞山良價禪師語錄》與《筠州洞山悟本禪師語錄》各一卷，均堪稱經典。

　　唐懿宗咸通十年（869）三月，良價沐浴後端坐圓寂，終年六十三歲。唐懿宗賜良價「悟本禪師」法號。良價真身葬洞山普利寺後，立石塔，稱「慧覺寶塔」，俗稱「價祖塔」，是為中外曹洞宗信徒共尊之祖塔。

（二）曹山本寂

　　曹山本寂（840-901 年），俗姓黃，名耽章，法號本寂，泉州莆田（今福建莆田）人。因久居江西曹山弘法，故世稱曹山和尚、曹山禪師。「寂少染魯風，率多強學，自爾淳粹獨凝，道性天發。」**87**十九歲時，父母任其出家，入福州靈石山拜俱胝和尚

---

86 內容同註 85。

87 （宋）釋贊寧撰：《梁撫州曹山本寂》，《宋高僧傳》卷十三，四庫全書本。

為師。二十五歲時，方才受戒。咸通（860-874 年）之初，赴江西宜豐洞山普利寺參謁良價禪師。《五燈會元》載：山（洞山）問：「闍黎名甚麼？」師曰：「本寂。」山曰：「那個聻？」師曰：「不名本寂。」山深器之。自此入室，盤桓數載乃辭去，山遂密授洞山宗旨。**88**之後，本寂前往廣東曲江曹溪禮禪宗六祖墓塔，回宜黃後潛心修行，並廣開山門，授徒說法，「由是法席大興，學者雲萃，洞山之宗至師為盛」**89**。本寂不僅繼承良價衣鉢，而且完善了由洞山良價開創的曹洞宗基本理論，使五位元之說更加系統，又立開示學人的三種方法，即曹山三種墮，進一步發揚以自性為唯一真宰基礎之上的對自由極端追求的真精神。使良價禪師「洞上玄風播於天下，諸方宗匠咸共推尊之」**90**的一個重要原因就是「又得曹山深明的旨、妙唱嘉猷」**91**。本寂的著有的《五位君臣旨訣》《解釋洞山五位顯訣》《注釋洞山五位頌》《注寒山子詩》，以及被弟子根據其言語整理出的《撫州曹山本寂禪師語錄》與《撫州曹山元證禪師語錄》等完整地體現其禪學思想。

唐天復元年（901），六十二歲的本寂禪師焚香宴坐而化，葬全身於曹山寺西側的鳳形坑，敕諡元證大師，塔曰福圓。

---

88 （宋）釋普濟撰：《雲岩晟禪師法嗣》，《五燈會元》卷十三，四庫全書本。

89 同上。

90 同上。

91 同上。

三、洞山名勝

　　洞山，座落於江西省宜豐縣同安鄉境內，距縣城二十五公里。隋唐時屬洪州高安縣，北宋屬筠州新昌縣，南宋屬瑞州新昌縣，一九一四年新昌更名為宜豐縣，沿用至今。史籍中的「洪州洞山」、「豫章洞山」、「筠州洞山」、「瑞州洞山」均指此處。洞山方圓十里，有九座山嶺蜿蜒聚向一盆地，呈九牛奔槽形。山裡有茂林修竹，參天古木、潺潺流水，風景秀美。因是曹洞宗祖庭，洞山聞名中外，現在仍保留許多名勝古跡。

（一）普利禪寺

　　洞山，原是邑民雷衡之產。唐咸通（860-874）中，良價雲遊至此，「見其泉石幽奇，乃曰：此大乘所居之地。言於雷氏，雷氏施之」[92]，並施環山肥田三〇〇〇餘畝作寺產。「悟本大師始翦荊而居之」[93]，建廣福禪寺，即普利寺。「初山多蛇虎，師庵居一宿，蛇虎盡去，至今山無虎焉。留居十八年，名聲四傳，來學者五百餘眾，坐談立悟，虛來實去者不可勝數。」[94]山與寺由此著名。唐朝末年，淮南節度使楊行密捐資擴大洞山寺宇。北宋咸平年間（998-1003），廣福寺易名為功德禪寺，宋真宗趙恒

---

92 （宋）余靖撰：《筠州洞山普利禪院傳法記》，《武溪集》卷九，四庫全書本。

93 同上。

94 內容同註 92。

為禪寺書寫了匾額。元初，縣人胡俊孚施資擴修寺宇。「元末皆毀於兵，明崇禎重建。」[95]此間歷時甚久，在萬曆年間，寺基丈量入公產版籍。而洞山的中興得力於高僧孤崖淨聰，「崇禎間，新昌縣舉人戴國士捐複洞山寺產，延師（淨聰禪師）至新昌，依價祖塔址誅茅結庵。衲子自遠方至者日眾，洞山法錫復振，師之力也」[96]，淨聰也因之被譽為洞山「中興第一祖」。

清康熙十一年（1672），是時洞山寺宇已更名為普利寺，重建洞山寺宇的後法堂（即藏經閣）及僧房。嘉慶二十三年（1818），洞山正宗三十八世住持海壽在後法堂門楣正中立起大匾，上書「佛在性中」。

現寺院主體建築為天王殿、大雄寶殿和藏經樓。天王殿內正中供一尊彌勒佛，袒胸露腹，笑容可掬，四大天王鎮守左右，在彌勒佛的背後，韋馱護法神怒目圓睜。大雄寶殿正中是釋迦牟尼，慈眉善眼，阿彌陀佛、藥師佛各侍左右，還有阿難、迦葉兩佛勤殷殿中，文殊菩薩、普賢菩薩各司其職，十八羅漢，形態各異，栩栩如生。藏經閣為木結構三層樓房，為清康熙十一年（1672）重建。配殿有圓通殿、禪房、客堂、齋堂等，總建築面積三二七九平方米。

---

95 《江西通志》卷一百十一，《寺觀》，四庫全書本。
96 《鹽乘縣誌》卷十六，民國六年刊本。

（二）價祖塔

即良價墓塔。唐咸通十年（869）良價圓寂，唐懿宗敕以「悟本禪師」諡號，敕建「慧覺寶塔」於洞山后山。塔形古樸，呈六角形，高三點二米。基座為金剛寶座式，三層依次內收，浮雕卷草、古錢、蓮瓣、忍冬花裝飾。塔身角柱間每面嵌以石板，地栿與額枋雕刻仰覆蓮，攢尖頂蓋雕瓦壟，六角上翹，剎由蓮瓣紋基座、覆缽、相輪、寶珠組合，頗為莊嚴。嵌於正面之碑刻殘存「己丑敕建」、「師慧覺寶塔」九字。墓塔前護以砌石，有拜台，石階可通行人。拜亭護宇早年圮毀，僅存部分柱礎與墁磚。

（三）中興第一祖塔

即孤崖淨聰禪師塔。孤崖淨聰禪師，為明末中興洞山禪林的第一人，「順治丁亥（1647）春，偶占微恙，集眾升堂而逝」[97]，葬洞山山前牛尾山。塔座三層，每層由三塊矩形石拼成，平面呈六角形，塔身亦然，唯石較小。分別雕飾蓮瓣、如意、卷草、垂花等。傘形蓋高聳，冠以覆缽、受花、寶珠剎。通高二點九米。塔後石碑只存其半，額曰：「中興第一祖」，由翰林院庶起士劍水史垂譽撰寫，意在記其重興洞山之功績。石築羅圍，高一點六米。拜台墁石，並置方形石香爐於塔前。「文革」中塔被撬倒，今已復原。

---

97 《洞山淨聰》，載《宜春禪宗志》，北京：中國文史出版社，2007 年，第 152 頁。

（四）已任度禪師塔

在原留雲堂側。已任度禪師乃清初復興洞山，並重修子庵留雲堂之名僧。建塔平面呈六角形，體積較為寬大。金剛座，分別雕飾變形蓮瓣、梅花、牡丹、纏枝花、如意草、飛禽等圖案裝飾。塔身六柱封板結構，上部為雙層蓋板，亦飾仰蓮紋，攢尖寶蓋，脊角上翹，冠覆缽、相輪、寶珠剎。正面碑刻：「已任度禪師之塔」，兩側及背面分別鐫法嗣門人及「康熙戊申（1668）歲冬月」等銘文。通高三點七米。石築羅圍完整，並設拜台、欄板，近百平方米的護宇僅存其柱礎。

（五）弘毅柔禪師塔

在寺院東北一點五公里的蓮花山崗上。建於清乾隆十三年（1748）孟冬月。平面呈六角形，金剛寶座，雕飾蓮瓣、卷草等圖案。塔身背面障板浮雕合十跏趺座蓮和尚像。傘形寶蓋，冠以蓮瓣紋覆缽、相輪、寶珠剎。通高二點一米。拜台欄板浮雕龍、麒麟、鹿、奔馬等，裝飾華麗。

（六）紅米塌禪師塔林

在洞山「古洞雲深」坊左前方五〇〇米左右山頭。建於一七四一至一七七四年間。六座一線排列，形狀一致，高二點五米，大小相差甚微。平面呈六角形，在蓮瓣和卷雲紋的金剛寶座上起六面柱狀塔身，變體蓮瓣紋檐，寶蓋六角高豎，冠以高基座、露盤、寶珠剎。其造型頗具肅穆之感。從左至右為：蘊虛一禪師

塔，清乾隆三十四年（1769）建；直方來禪師塔，乾隆三十九年
（1774）建；見月中禪師塔，乾隆六年（1741）建；雨庵澍禪師
塔，乾隆六年（1741）建；墨亭海禪師塔，乾隆十三年（1748）
建；霽空明禪師塔，乾隆三十四年（1769）建。塔後砌有羅圍，
中安墓碑，記述其生平業績。塔林地墁石板，前有石柱。僧塔至
今完好。塔林前另有僧墓十四塚。

（七）牛形山禪師塔林

在牛形山中間山頭。共有僧墓九座。道全禪師塔居中，建於
唐昭宗大順元年（890）。道全是洞山正宗第二代住持，良價高
徒。其墓塔為亭閣式，用三十三塊花崗石料砌成，高三點一六
米，蓋最寬一點〇三米。塔座為須彌座，底二層有蓮瓣，束腰部
刻有獸類，形象古樸。塔身四方形，中空，四角刻成柱形。柱下
有礎，正面開一門，門上方兩側各刻一擬人化的迦陵頻伽，袒胸
露臂，手持鉢盂，肩背長翅，腳部化為羽，相對騰飛。塔蓋為四
阿廡殿頂式，頂面無瓦壟，四角微翹，底部刻有樑椽。塔剎四
層：方鬥、圓光、承露盤、寶珠。左右列：孜乾銳和尚塔，清康
熙五十一年（1712）建。一霖霈禪師塔，清雍正二年（1724）冬
月建。一葦如和尚塔，清乾隆二十九年（1764）二月建；志尚士
和尚塔，乾隆三十一年（1766）十二月建；秋水碧禪師塔，乾隆
四十一年（1776）建；良玉剖禪師塔，乾隆五十四年（1789）五
月建；崇慧能禪師塔，康熙五十三年（1714）建；元鑒輝禪師
塔，乾隆五十四（1789）建。其造型與紅米塢塔基本類同。通高
一點九一至二點五八米。夯土羅圍。

（八）夜合山禪師塔林

在夜合山前，有塔十座。普同塔居中，是寺院普通僧人共同歸葬之墓塔。雙層高臺基石上置金剛寶座，平面呈四方形。在圭角上砌覆蓮紋圓形平座，塔身似覆磬形，上有「普同塔」三字。左側紀年：弘光元年乙酉正月初一吉旦；右側署名：洞山當代住持孤崖淨聰鼎建。剎以覆蓮紋基座和相輪、寶珠組成。通高二點三米。其中九座禪師塔平面均為六角形，施基台，金剛寶座，塔身，僧帽式寶蓋和圓筒形基座、相輪、寶珠剎。裝飾紋樣均以蓮瓣紋、如意卷雲紋、卷草紋為主。通高一點四至二點五二米不等。所葬系曹洞正宗普利寺三十至三十六世住持僧：慧芳建禪師、靈會承和尚、比邱吉松禪師、履真德元禪師、無極信禪師、碧雲珍禪師、闡玄性禪師、淑耀杲和尚、自若真禪師。該塔地砌石羅圍，前設拜台、踏步和鈎欄，石板墁地。

（九）荊峰庵禪師塔林

在荊峰庵，又名荊坑。共八座，分別為光耀禪師塔、自止觀禪師塔、公禪師塔、柏符曉禪師塔、松岳常禪師塔、石友玉禪師塔、識空徹禪師塔、淡月明禪師塔。塔的形狀類同，但大小不一。塔平面呈六角形，金剛寶座雕飾卷雲與覆蓮紋，塔身六棱柱狀，塔身六棱柱狀，正面設壺門，單層蓮瓣紋櫺，寶蓋六角高豎。剎以覆缽、相輪、寶珠組合。通高一點二八至一點九米。

（十）上藍庵禪師塔林

在上藍庵遺址的山坡上。原有石塔四座，今僅存三座。其造型為亭閣式，通高約一點六至一點八米。後正中為日新澄沐禪師塔。碑文記述為：洞山正宗三十五世，號頑石，示寂於清嘉慶二年（1797年），十年移葬於此立塔（另有一塔在普利寺右後一里處）。前左為洞山正宗三十三世福念禪師塔，建於清乾隆元年（1736）。前右方是洞山三十五世明習文禪師塔，嘉慶八年（1803年）建。

（十一）夜合靈跡

在洞山水口，有夜合石，上下兩塊層迭，兀立道中，形同關隘，此乃新昌八景之一。《新昌縣誌》載：夜合石晝開夜合，又有鹽井之利，可供寺僧之需，取之不盡。成弘間僧盜鹽謀利，古跡不復驗。夜合石壁刊刻元代名僧道彰禪師七言絕句，云：山城無鎖日東西，開合邈同烏兔飛；曙色未分人未度，是誰敢作假雞啼。署款「右道彰禪師題夜合石詩，康熙四十八年第三十四代住持見月中泐石」。每字大約二十多釐米，迄今保存完整，字跡清楚。

上層花崗石上，刻有蘇轍《遊洞山》詩。此詩是宋元豐七年（1084）春貶謫筠州任鹽酒稅監的蘇轍與前來看望他的蘇軾一同到洞山訪雲庵祖師時所作。字體為行書，詩云：古寺依山占幾峰，精廬仿佛類天宮。三年欲到官為礙，百里相望意自通。無事佛僧何處著，入群鳥獸不妨同。眼前簿領何時脫，一笑相看丈室

中。署款「眉山蘇子由題」。詩刻旁的石窪處並鐫有「墨池」二字，意為子由在此研墨濡筆而書。

（十二）逢渠橋

位於洞山水口，橫架葛溪之上。良价初來洞山時，在此涉渡溪流，逢影悟道，並作《逢渠偈》。為紀念良价禪師於此悟道，宋紹聖五年（1098），同安張仲舒之妻雷四十三娘與其子裕禧捐資修建此橋。該橋用花崗石建造，單孔，全長十五米，高六點三米、面寬四點七米。兩端依山建須彌座為基台，拱圈縱向單券並列砌置，每券矩石十一塊，七列相靠組成承重拱券。橋面長方石縱橫交錯鋪作，兩側置石欄。北埈石階五級，南埈三級。拱之外向兩側肩嵌高一點五米的浮雕武士兩尊，身著盔甲，一握開山斧，一執趕山鞭，氣勢威武。「逢渠橋」三字刻石鑲於拱之額端，為當時縣令錢鍪書。拱內刻「紹聖戊寅歲同安張仲舒妻雷四十三娘男裕禧舍石橋住持沙門梵言句當惠聳題」。基台臥石刻有明代維修助資人名、銀兩文字。二○○二年十月在橋上建了仿古亭。

（十三）木魚石

在夜合山麓，逢渠橋西南八十米處。石寬三點三米，高二點六米。一頭高隆，尾部低凹，形似佛門法器之木魚，叩擊其頂端，發出響聲和木魚聲相似。石上鐫刻楷書「響石」二字。

（十四）羅漢松

在普利寺前，距今已逾千年。據《五燈會元》載，此松是青林師虔禪師所植：師（青林師虔禪師）在洞山栽松，次有劉翁者求偈。師作偈曰：「長長三尺餘，鬱鬱覆青草。不知何代人，得見此松老。」劉得偈呈洞山（良價），山謂曰：「此是第三代洞山主人。」[98]後因兵燹，僅存一棵。松高十米，樹冠約十三米。主幹雖僅存一小邊皮，但卻枝繁葉茂。

（十五）考功泉

在夜合石旁之泉水池。古代本縣知縣到任，必去洞山朝聖。相傳走過泉池時，他的身影反映清晰，視為清廉；若為混濁，則是貪令。以此考察官吏的功過，故名「考功泉」。[99]

四、曹山名勝

曹山「魁大秀偉，雄視一方」[100]，位於宜黃城南鄉陳坊村，距縣城十五公里許。宋人筆下的描述是：「溪谷邃深，有泉坙然，溢於山之腹，而附脅以出，梁石為渠，水行空中，而墜之

---

98 （宋）釋普濟撰：《雲巖晟禪師法嗣》，《五燈會元》卷三十，四庫全書本。

99 以上洞山名勝介紹均曾參考《宜豐洞山禪林古跡》，載《宜春禪宗志》，北京：中國文史出版社，2007年，第316-322頁。

100 （宋）孫覿：《曹山寶積院僧堂記》，《宜黃縣誌》，清道光五年刊本卷三十二，《藝文》，第16頁。

庭，鏘鳴如環佩之音。又折而東，伏出山下，日灌千畦。水窮壤斷，茅竹蒙翳，獸蹄鳥跡交締於懸崖亂石之中，不類人境。」[101] 今仍是古木參天，溪流環繞，靜謐幽雅。其「舊名荷王山，山巔曰羅漢峰，昔本寂禪師因禮曹溪六祖，回此遂易名曹山」[102]。而改山名的原因也是「師（本寂）志慕六祖」[103]。曹山由此成為曹洞宗祖庭，至今仍魅力無窮。

（一）曹山寺

座落於曹山山谷中。唐咸通年間（860-874），「（本寂）止於撫州曹山，有信士王若一，舍何王觀，請師住持，師更何王為荷玉。」[104]「由是法席大興，學者雲萃，洞山之室至師為盛。」[105] 此時寺院規模可以想見。「宋祥符二年（1009）改今名」[106]，即從荷玉觀改稱寶積寺。因地處曹山，亦稱曹山寺。紹興年間（1131-1162），已有頹敗跡象，「寺有僧堂，歲久腐撓，蛇鼠所穿日星下。入風雨之夕，遺濕五遷，臥不安席」[107]。「會方丈

---

101 內容同註 100。

102 （明）李賢等撰：《明一統志》卷五十四，四庫全書本。

103 （元）釋覺岸撰：《釋氏稽古略》卷三，四庫全書本。

104 《宜黃縣誌》，清道光五年刊本卷二十五，《仙釋》，第七頁。

105 （元）釋覺岸撰：《釋氏稽古略》卷三，四庫全書本。

106 《宜黃縣誌》，道光五年刊本卷三十，《寺觀》，第八頁。

107 （明）李賢等撰：《明一統志》卷五十四，四庫全書本。

遇隕石震壞，眾議相與出力鼎新之」[108]，主持了如禪師和邑人鄧經出力修茸，「庀徒伐木，撤故為新，堂成雄麗靚深，為一時偉觀。而四方之遊者，日至食指千餘，倍蓰他日。」[109]

　　元末，寺遭兵毀。明初僧顯化修佛殿，建法堂，把曹山寺修整的更為壯觀。洪武六年（1373年），顯化將寺內積蓄的稻穀賑濟災荒，受到朝廷表彰。《宜黃縣誌》有載：「明太祖六年，有高僧顯化無量，敕號斯道禪師，賜額寶積禪林」。[110]「崇禎間，僧觀心重修。」[111]清代，寺院逐漸衰落。道光五年（1825 年）重修的曹山寺古墓碑記記載「殿宇荒涼，香銷燭滅，基石倚斜，墓碑傾卸」。民國期間，寺宇僅保留部分舊殿堂和一些佛像，有齋公照顧香火，但無僧尼住持。

　　建國後，寺院無人管理，只有一戶農民居住。「文化大革命」期間，曹山寺遭到嚴重的破壞，寺殿全被拆除，附近山上的歷代禪師墓塔、塔銘碑均遭不同程度的破壞。一九九三年，修復曹山寶積寺，相繼重修了客堂、觀音堂等，千年古刹重放光彩。原佛教協會長趙樸初題寫了「曹山寶積禪寺」和「大雄寶殿」匾額。現寺內供有幾十尊從緬甸迎回的漢白玉佛像，為全省首座、全國少有的金玉佛寺。

108　內容同註 107。

109　同上。

110　《宜黃縣誌》，清道光五年刊本卷三十，《寺觀》，第八頁。

111　同上。

（二）本寂禪師墓塔

位於曹山寺西面之鳳形坑。《釋氏稽古略》有載：本寂禪師於「昭宗天復元年（901）六月十五日，謂眾曰：曹山明日辰時行腳去。及時，焚香宴坐而化。壽六十二，臘三十七。全身於山之西阿。勅謚元證禪師，塔曰福圓[112]。原墓地面建築已毀，僅保存康熙二十六年（1687）重刻墓碑碎片數塊，碑首刻篆體字為「曹山第一代本寂禪師塔」，碑文為正楷字，記載本寂生平及重修墓塔經過，後附銘文二〇四字。葫蘆頂，塔高一點五米，正面書「本寂禪師塔」五個字，原碑復原後豎於墓右。一九八三年已重修。

（三）回龍洞

回龍洞為曹山靈跡之一。自古便有神奇傳說，《宜黃縣誌》曰：

> 寶積寺僧雅有棋癖。一日，有士人來與對局，衣服辭都雅。問其鄉貫，則曰徽州紙商。僧念鄉中素未見如此人，心殊駭異。他日，俟其去，跡之，則見登山後小徑，化為黃龍，從石孔中蜿蜒而入。因名其地為回龍洞。[113]

112（元）釋覺岸撰：《釋氏稽古略》卷三，四庫全書本。

113《宜黃縣誌》，清道光五年刊本卷三十二，《雜記志下》，第1頁。

（四）曹山寺碑

曹山寺碑是寺院悠久歷史的見證。於青石板上泐刻陰文。碑高一點五米，寬〇點八米，斜斷為二，豎立於城南鄉曹山寺後。碑首刻篆體「有傳世公墓碑」，右側直刻碑題「曹山寺碑記」。碑文為：「公諱榮，字世安……公領宋鄉薦，授姑蘇令，升廣西柳州府同知，……授於仙桂之一都，作今龍堂……寶積者，先代敕封之名也。曹山其地也，里人志其地，仍名之曰曹山寺云。公與夫人同墓殿後，砌墳豎碑，碑有記。……自眉而後，繼以觀心，古剎高僧，世導勿替，今猶有存焉者乎。殿宇荒涼，香銷燭滅，墓石倚斜，墓碑傾卸。……餘為綜其巔末，勒諸石敬告山僧，且以告為，公歿者永垂不朽之記耳。……」碑右書「清道光五年（1825）重修。」

（五）千年銀杏

在曹山寺的後院。為本寂禪師親手栽種，樹幹需五人合抱。它與曹山寺歷史同樣悠久，見證著曹山寺興盛與凋弊。這棵銀杏曾被霹雷燒焦過，疤痕累累。自一九八二年，曹山寺開始了祖庭的中興新時期，銀杏樹下亦發出許多新枝葉，有十餘米高，樹幹也生新枝。

此外，曹山還有諸多靈跡，如古銅鐘、貝葉經、羅漢笠、卓錫泉、雨花岩、問津亭、顯聖岩等。這些名勝在清朝就有記載，道光年間《宜黃縣誌》記載寶積寺時寫道：崇禎間，僧觀心重修。有古銅鐘、貝葉經、羅漢笠、卓錫泉、雨花岩、回龍洞、問

津亭、顯聖岩諸靈跡。[114]欲要真正領略這千年名山的神韻，從宋人孫覿筆下的長詩《曹山》中亦可見一斑，詩云：

　　　石棧梯空一線橫，路窮台殿兩崢嶸。日光淡淡烏飛沒，雲氣漠漠龍隨行。道人西歸餘隻履，結茅宴坐千岩底。草根瀝瀝暗泉鳴，樹外騰騰青嶂起。翠竹掩冉蒼雲屯，老藤蔽日白晝昏。天低尺五雷雨上，身強丈六佛祖尊。垂老淒淒厭行旅，逢人欲問前生語。不見高僧杖錫飛，山下空流千斛乳。[115]

第四節 ▶ 楊岐宗發祥地——萍鄉楊岐山

一、地理概況

　　楊岐山位於江西省萍鄉市上栗縣境內，離城區二十餘公里，海拔約一〇〇〇米。楊岐山山勢蜿蜒跌宕，林木蔚然深秀。自古便是贛西名山，崇山峻嶺，風景秀麗，是古今遊人的慕遊之處。楊岐山《萍鄉縣誌》稱：「北祖楊岐之脈，鳳翼飛翔，南賓塔嶺之朝，筆峰卓立，左肩羅岳，右臂徐仙，川澄玉鑒，州擁金鼇，紀其名景十曰：楚王台，鳳凰池，萍川水，萍實橋，金鼇洲，文

---

114 《宜黃縣誌》，清道光五年刊本卷三十，《寺觀》，第8頁。
115 （宋）孫覿：《曹山》，《江西通志》卷一百五十，四庫全書本。

筆塔，明山峰，羅霄山，橫龍泉，浴丹井。」[116]楊岐山不但秀
麗，而且山地勢扼要，古代這裡設有很多關卡。其中最為出名的
是「楊岐三關」，即位於寒婆嶺的「寒婆關」、黃泥坳的「同慶
關」以及新壩水庫之上的「案山關」。

二、歷史文化

（一）山名由來

　　楊岐山古稱翁陵山、漉山。關於楊岐山這一名稱由來，相傳
為戰國時著名哲學家楊朱路經此地，山路多岐，迷失方向，悽愴
淚下，後人遂以此取名為楊岐山。《方輿勝覽》載：「楊岐山在
萍鄉縣北七十里，世傳楊朱泣岐之所。」[117]這種說法有無根據，
現在已經無從查考了。後來，這種說法一直沿用。《明一統志》
記：楊岐山「在萍鄉縣北七十里，世傳為楊朱泣岐之所。山下傍
有玉女殿，內有九石房，相映如屏風，世傳為仙人所居。」[118]
《大清一統志》云：楊岐山「在萍鄉縣北七十里，世傳為楊朱泣
岐之所。」[119]《江西通志》載：楊岐山「在萍鄉縣北七十里，世
傳楊朱泣岐之所。傍有王女殿，內有九石房相映如屏風，世傳仙

---

116 同治《萍鄉縣誌》，《形勝》，臺北：成文出版社有限公司，1975，第
　　150頁。

117 （宋）祝穆：《方輿勝覽》卷十九，四庫全書本。

118 （明）李賢等：《明一統志》卷五十七，四庫全書本。

119 《大清一統志》卷二百五十二，四庫全書本。

真所居。又有普通院。」

（二）宗教文化

　　楊岐山是中國宗教名山，是佛教禪宗五家七宗中楊岐宗之本山。楊岐宗在我國佛教中享有著崇高的地位，其遠播日本，有著深遠的深遠的影響。山上的普通寺是我國佛教禪宗五家七宗臨濟宗下一大支派——楊岐宗祖庭，自唐至明清，香火鼎盛不衰，每歲之春或佛誕時節，善男信女前往頂禮膜拜者絡繹不絕。

　　楊岐山的佛教活動始於唐代。唐天寶十二年（753），乘廣禪師來萍鄉。乘廣俗姓張，廣西容縣人，十三歲皈佛，約三十七歲時來楊岐山結廬開山，創建「廣利禪寺」。苦心經營四十多年，舉唱宗乘，弟子眾多，名聞諸方，寺宇宏大，僧侶達一百多人。唐貞元十四年（798）乘廣圓寂，年八十二歲。眾徒為乘廣在寺右側建石塔，至今猶存，塔高二點三五米，甚為壯觀。九年後門人請著名文學家劉禹錫撰寫《袁州萍鄉縣楊岐山故乘廣禪師碑（銘）》。清乾隆年間，對古塔進行了維修，建起了護塔圍牆。清道光六年（1826）古碑被山洪沖倒，翌年並碑座一道嵌於牆內。

　　唐大曆八年（773），馬祖道一的弟子甄叔來到楊岐山，參乘廣為師。乘廣圓寂後，甄叔繼為住持。甄叔在楊岐山弘法亦四十餘年，為唐代佛教一大宗師，歷屆府志、縣誌，都有他的記載。唐元和十五年（820）正月十三日甄叔圓寂，僧人立塔于楊岐東峰下，稱油鹽塔、幽閒塔，塔高一點七八米，寬〇點八八米，形似方亭，塔左原有大和六年（832）僧至閑撰、元幽書的

《大唐袁州萍鄉縣楊岐山故甄叔大師塔銘並序》，甄塔尚存。

　　宋淳化至慶曆間（990-1049），高僧方會住持楊岐山，將廣利禪寺改名普通寺，秉承臨濟宗創始人義玄舉喝宗風，博采眾家之長，主張「頓悟」，宣揚「自力」，「一切眾生皆有佛性」，「見性成佛」，不主文字，擺脫教條。此種朴質力行的大眾化佛教，接近平民的簡易修持方法，廣為百姓所接受。皇祐元年（1049）方會禪師從楊岐移往潭州（今長沙境內）雲蓋山，不久圓寂，建塔於雲蓋山。後楊岐宗作為臨濟宗正統，盛行於南方，成為禪宗「五家七宗」之一，有《楊岐方會和尚語錄》《楊岐方會和尚後錄》各一卷傳世。楊岐成宗以後，仍復臨濟舊稱，改稱為臨濟宗。

　　釋方會以無有法門，形式多變，靈活多樣的方式方法接引學人，因人施教，不拘陳規，揮灑自如，殺活自在的風格，因而培養造就不少僧才，方會有嗣法弟子十二人，後聞名諸方，繼承衣缽。其中出名的有白雲守端、崇福善燈等。釋方會法嗣白雲守端（1025-1072），得承法脈後結廬廬山，繼主江州承天寺（今九江能仁寺），次遷廬山圓通寺。期間主持肇建廬山蓮花洞報國寺、石境峰下雲溪寺等。五祖法演於釋白雲守端座下承法，傳及法嗣「三佛」（即佛鑒慧勤、佛眼清遠、佛果克勤）時，楊岐派的傳播遍及全國，「故今天下多楊岐派」。三佛之中佛果克勤弘法活動則主要是在建昌雲居山（今永修雲居山）。而到建炎二年（1128），大慧宗杲來雲居山禮謁佛果克勤，即被請為首座。建炎四年（1130），釋克勤返回四川後，釋宗杲則徙於雲居山後古雲門舊址，與竹庵珪禪師公作頌古公案一〇〇則，彙集為《禪林

寶訓》，流傳至今，成為禪僧修持必修課本。楊岐五宗釋曇華（1103-1163），紹興年間（1131-1162）出主盧山歸宗寺，弘揚不立文字，不用言語，直指人心，心領神會的一心參究宗旨。弟子有天童釋咸傑。釋道生在釋咸傑座下承法後，出主鄱陽（今波陽）妙果寺，次主弋陽圭峰寺，晚主鄱陽薦福寺，有《語錄》《語要》各一卷傳世。大德九年（1305），楊岐十一世、臨濟十八寺一山一寧之法嗣日僧龍山德見來華禮祖，應請出主義寧龍安兜率禪院（今屬修水縣），時達二十餘年。宋末元初，釋祖欽（1215-1287），宋咸淳五年（1269）出主袁州（今宜春）仰山棲隱寺。入元以後，世祖禮遇之。後寂於仰山，有《語錄》四卷傳世。

南宋慶元五年（1199），日本泉湧寺僧人俊 （1166-1227）來到中國杭州徑山，從楊岐宗六世法嗣元聰受法。不久辯圓亦到徑山，從無准師範嗣法。回國後到東福寺開山，由此楊岐宗傳入日本，至今為日本佛教大宗之一，日本鐮倉幕府時代二十四派禪宗佛教中，就有二十派出於楊岐法系，歷代都有日本高僧到楊岐普通寺拜祖認宗。八〇年代日本臨濟宗有教徒一〇〇多萬，而臨濟宗又主要是楊岐派的。**120**

自宋以後，楊岐宗在中華佛教史上占主導地位，名僧輩出，頗具影響。從南宋至清康熙初年止，代有高僧，有語錄、遊記、塔銘之大德者七一〇人，而出身楊岐宗之流派者有四七〇人，占

120 萍鄉市志編纂委員會編：《萍鄉市志》，北京：方志出版社，1996，第 1124 頁。

總人數的百分之六十六。楊岐派自創立以後，大德輩出，宗風遠播，風靡天下。到「後世臨濟宗的正脈，實際上主要由楊岐系來傳承延續」。**121**

三、風景名勝

（一）楊岐普通寺

普通寺初名廣利寺，坐落於江西省萍鄉市城北楊岐山麓壽桃峰下，距市區三十五公里。該寺是唐天寶十二年（753），釋乘廣雲遊至此開基肇建。釋乘廣（717-807），曹溪六祖釋慧能下第三世，神會之法徒。本在中原洛陽一代弘法，因「憫彼南裔不聞佛經」而南下，於此結廬四十餘載，草創廣利寺。繼釋乘廣之後，主持廣利寺法席的是其徒釋甄叔（？-820），六祖慧能下第四世，主持廣利寺二十餘年。當時，廣利寺規模宏大，「獨步楊岐山頂上，建起花宮勝仙闕，樓臺壯勢射虛空，魔界輪幢盡摧折。」進入宋代，廣利寺仍然是「傍石千間屋，騰空百尺樓」。宋景祐年間（1034-1038），釋方會（992-1049）應請主持廣利寺。在這裡，釋方會不僅將在石霜楚圓座下所承臨濟宗風發揚光大，還另創不拘成規，揮灑自如，殺活自在的風格，光大臨濟宗風，宗風傳承，自成一派，人稱「臨濟宗楊岐派」。而後，楊岐

---

121 謝軍、史志總纂：《江西宗教志》，北京：方志出版社，2003，第 27 頁。

派漸以恢復臨濟之盛名，遍及中華，傳至東瀛。宋慶元五年（1199），日本泉湧寺僧人俊芿到中國，從楊岐派六世釋元聰受法。後又有日僧辨圓入華，師從釋無准師範嗣法。兩人回國後，都大力弘揚楊岐宗風。

宋慶歷年間（1042-1048），廣利寺主持釋惠普主持改寺名曰「普通寺」，而後沿用至今。元代末年，楊岐普通寺遭戰火所毀。明代之初，釋肆公率同參募緣重建。到清乾隆元年（1736），楊岐普通寺再一次得到整修。清道光六年（1826），楊岐普通寺又被山洪所毀。直到道光二十二年（1842），邑人甘寶賢等人又捐資重建。竣工之時，全寺占地面積達七萬餘平方米，建築面積有二五〇〇多平方米，殿宇堂廡近百棟，有山門、大雄寶殿、觀音堂、關聖殿、藏經樓、方丈寮、祖堂、禪堂、客堂、僧寮等建築二十一幢，其內供奉釋迦牟尼佛、觀音、伽藍、韋陀、十八羅漢、二十四諸天等大小佛、菩薩像百餘尊。寺中興旺之時主僧達百人之眾。

新中國成立之初，楊岐普通寺中仍有僧人奉守香火。「文化大革命」中，楊岐普通寺也慘遭毀壞，百餘尊佛像，數以千計的經書被焚毀，僧人被趕出寺門。寺院建築因年久失修而大量倒塌。「文化大革命」結束後，一九八二年，釋離相和釋靜誠等入住楊岐寺，得四眾弟子相助，開始殿宇的修復重建。

在楊岐寺內保存有不少珍貴文物，其中最為寶貴的是唐代遺留至今的「一柏二碑」。一柏指唐代所植柏樹，俗稱「倒栽柏」，相傳為楊岐普通寺第二代主持釋甄叔手植。此樹在大殿後坡上，至今高約二十米，胸圍達二米多，虬枝蒼勁，濃蔭如蓋。二碑則

是鑲嵌在前殿左右牆上的兩塊列省級重點文物保護單位的唐代的
碑刻。其一是劉禹錫撰書、劉申錫篆額《唐故袁州萍鄉縣楊岐山
禪師廣公碑文》，另一塊是唐代釋至閑撰，元函書，琅琊王周古
篆額《大唐袁州萍鄉楊岐山甄叔大師塔銘並序》。寺院外面有歷
代祖師舍利塔數座。其中釋乘廣禪師塔高約四米，為四層八面結
構。每層八面均有浮雕裝飾，雕刻八面均有浮雕裝飾，雕刻有護
法神、吉祥物和花卉圖案等，雕刻精細，技藝古樸，具有極為濃
郁的唐代風格。

（二）文廷式墓

位於縣北楊岐山普通寺後五十米的山上，墓葬面積五十平方
米，墓堆長四米，高一點一米，坐西朝東。墓前原有石碑坊，後
有墓碑，高二米，寬一米，墓碑用正楷字刻「誥授中憲大夫晉封
資政大夫日講起居注官翰林侍讀學士顯考文公諱廷式府君之
墓」，墓碑左右石刻對聯曰「青簡尚新宿草將列，鴟鴉東徙松檟
成行」。墓碑左是文廷式後嗣的碑文，右為南昌知府沈增植作的
墓表，墓表簡述了文廷式的生卒年月日和他博學多才、韜略滿
腹、為官清正的高尚品格，以及逝前病況。文廷式墓是萍鄉近代
三學者（劉鳳浩、李有棠、文廷式）之墓保存得最好的墓葬。[122]
文廷式（1856-1904），江西萍鄉人，出生於廣東潮州，字道

---

[122] 萍鄉市志編纂委員會編：《萍鄉市志》，北京：方志出版社，1996，
第 1054 頁。

希（亦作道羲、道溪），號雲閣（亦作芸閣），別號純常子、羅霄山人、薌德，近代詩人、詞人、學者。文廷式出身於書香世家。光緒十六年（1890）考取進士，授編修。二十年（1894）大考，光緒帝親拔為一等第一名，升翰林院侍讀學士，兼日講起居注。文廷式志在救世，遇事敢言，與黃紹箕、盛昱等列名「清流」，與汪鳴鑾、張謇等被稱為「翁門六子」，是帝黨重要人物。甲午中日戰爭，他力主抗擊。光緒二十一年（1895）秋，與陳熾等出面贊助康有為，倡立強學會於北京。次年二月，遭李鴻章姻親御史楊崇伊參劾，被革職驅逐出京。這一時期，文廷式益潛心時務，其《琴風餘譚》《聞塵偶記》，記甲午、乙未間時事、人物，能言人所不能言、不敢言。革職歸裡後，撰有《羅霄山人醉語》，痛感「中國積弊極深」、「命在旦夕」，提出「變則存，不變則亡」，鼓吹「君民共主」，傾向變法，但又以為不可急切從事。戊戌政變後，清廷密電訪拿，遂出走日本。二十六年（1900）夏，回國，與容閎、嚴複、章太炎等滬上名流，參加唐才常在張園召開的「國會」。唐才常的自立軍起義失敗後，清廷複下令「嚴拿」。此後數年，文廷式往來萍鄉與上海、南京、長沙之間，沉傷憔悴，寄情文酒，以佛學自遣，同時從事著述。這時期所著雜記《純常子枝語》四十卷，是其平生精力所萃。光緒二十七年（1901）以後，文廷式在家鄉窮愁潦倒，鬱鬱寡歡，以佛學自遣，寄情文酒。光緒三十年（1904）八月十四日因中風（腦溢血）在萍鄉病逝，葬縣北佛地楊岐山。日本友人撰文紀念，摯友沈曾植撰墓表，稱他為「有清元儒，東洲先覺」。

（三）案山關

案山關古代是兵家必爭之地。案山關兩峰交聳，左右並峙，中平如案，前人曾寫過一首《案山關詩》：「楚界連吳界，前山復後山。升平風日好，雲影漾空關」。清代胡增瑞曾作詩《過案山關》：「楊岐東來勢插天，鳥道中開蒼靄連。上至絕頂平如案，雄關屹立山之巔。山前山后行人倦，高寒亭下石歷亂。危岩蔽日斷鳶飛，老屋穿雲驚鼠竄。烽煙消盡戍卒閑，浮嵐隱入望眼間。依稀渡遠惟香水，指點雲昏是楚山。抱關與我久相得，迢迢家在山以北。過此暫還時複來，時平有險無須設。」**123**

（四）其他風景名勝

楊岐山氣勢磅礴，諸峰中以萬仞峰、龍峰和張口獅子嶺最為出名。萬仞峰在楊岐山側，高峰沖列，陡峭崎嶇，望之如參天半；龍峰在楊岐山側，盤旋夭矯，勢若游龍；張口獅子則雄踞這兩峰中央，三峰如筆架橫亙。若站在天寶坡仰望張口獅子嶺，山頂真如一頭張口獅子，獅子的頭部、眼睛、鼻子、嘴巴都活靈活現，栩栩如生。相傳登上張口獅子嶺，能夠望到長沙城，所以這裡俗稱「張口獅子望長沙」。此外，山上還有九房石、五色石、仙棋石、羅漢洞、白猿洞等景點。

---

123 同治《萍鄉縣誌》，《山川》，臺北：成文出版社有限公司，1975，第683-684頁。

第五節 ▶ 為仰宗發祥地——宜春仰山

一、地理概況

　　仰山，位於宜春市城南洪江西北方四公里處，歷為宜春之鎮山。崇山環立，延綿逶迤達數百里。漢、晉時因山勢高聳，古木參天蓋頂，可仰視而不可攀登，故名仰山。乾隆版《袁州府志》載，仰山為「府城南八十里為府之鎮山，周回數百里，高聳萬仞，可仰不可登，因名。」[124]仰山主峰名集雲峰，海拔一〇三四米。仰山山巒疊嶂，樹木蔥鬱，溪流縱橫，飛瀑不斷。仰山四時氣候迥異，每當春夏，雲霧蓋頂，剎時即雨，霧收即晴。而一進入冬天，微陰即雪，每當雪霧雲開，集雲峰一帶便皓雪晶瑩，形成綠野之上瑰麗的雪頂，這一勝景被稱作「仰山積雪」，是「宜春八景」之一，久負盛名。

二、歷史文化

（一）山名由來

　　《方輿勝覽》載，仰山「在州南八十里，為州之鎮山。周回一千里，聳萬仞，不可登陟，只可仰觀，以此得名。有寺曰太

---

124 同治《袁州府志》卷一，《山川》，臺北：成文出版社有限公司，1989，第 2 頁。

平興國寺及二神廟。」**125**此後，這一說法得到沿用。《明一統志》
載，仰山「在府城南六十里，周回數百里，聳萬仞，絕高處可
仰不可登，因名。」**126**雍正《江西通志》云：「仰山在府城南八
十里，乃袁之鎮山也。周回數百里，高聳萬仞，可仰不可登，因
名。」**127**

（二）宗教文化

仰山，為佛教溈仰宗的發祥地，蔚為壯觀的慧寂禪師靈塔在
內的佛塔群，至今猶存。仰山自唐代建寺，至今有一〇〇〇多年
的佛教歷史，雖歷經滄桑，但香火不斷，佛事延綿不絕，著名的
僧人有慧寂、光湧、佛印、希陵等，是中國禪宗五支中極具影響
的一支。在仰山的崇山峻嶺間，散佈著一〇〇多座僧人墓塔，形
成南國少有的佛教塔林。中共早期領導人之一的李立三少年時在
太平興國寺有過幾乎出家為僧的經歷，至今還在仰山一帶流傳。

仰山佛教活動始於唐代。唐會昌年間，釋慧寂在仰山創建棲
隱寺。慧寂（804-881），韶州懷化人，俗姓葉，九歲出家于廣州
和安寺（一說南華寺），投通禪師。數年後，未授具足戒即雲遊
各地，初到南陽，參謁慧忠的侍者耽源應真。應真傳六代祖師
（慧能）遺傳「圓相」七十九個於慧寂。不久，到潭州溈山禮參

125　（宋）祝穆：《方輿勝覽》卷十九，四庫全書本。

126　（明）李賢等：《明一統志》卷五十七，四庫全書本。

　127　《江西通志》卷八，四庫全書本。

靈祐禪師。十五年後，接受靈祐心印，登壇說法，參謁者眾多，影響頗深。後率僧徒移居郴州王莽山。唐會昌元年（841），遷宜春城南大仰山建寺以居。會昌五年「武宗滅佛」，慧寂在禁令中潛匿集雲峰，含辛茹苦，餐飲蕨薇、橡果。翌年，武宗駕崩，宣宗繼位，打開佛門禁令，凡天下所拆寺廟一一修復。慧寂還山歸寺，重振廟宇，宣宗賜名棲隱寺。慧寂與一梵僧談論禪法之道，梵僧深為佩服說：「特來東土禮文殊，卻遇小釋迦」。臨別時傳梵文經書「貝多葉」給慧寂，自後佛徒遂稱慧寂為「小釋迦」。慧寂繼承曹溪六祖慧能「頓悟」之說，秉承靈祐心印，大興禪道，主張「悟境與功行事理並行」，「動即合轍，但得其本不愁其末」，闡述「觸目而真」的見解，開創一家禪風，人稱「為仰宗」。一時洪州、吉州、潭州、蘄州、趙州、鄆州、晉州、杭州、福州、韶州、處州和新羅國（今朝鮮）佛門弟子，紛紛前來求師剃度，聲譽傳遍海內外。法嗣有西塔光穆、南塔光湧等十人。僖宗廣明二年（881）去韶州東平山說偈，幾年後抱膝而終，享年七十七歲。翌年，南塔光湧遷靈骨歸寺，立塔仰山塔窩，唐宰相陸希聲為之銘，謚智通禪師，塔稱智通禪師妙光之塔。慧寂圓寂後，南塔光湧主持寺廟，下傳三代而斷。據《景德傳燈錄》記載，慧寂為仰禪宗共傳四代二十七僧，後遂不明。北宋年間棲隱寺改名為「太平興國寺」。[128]

128 宜春市地方誌編纂委員會編：《宜春市志》，海口：南海出版公司，1990，第 866 頁

　　慧寂承溈山以「思無思之妙」，倡「默照」為宗，如實修行，接引徒眾，重視不執著於相，而是以耽源所傳九十六圓相以展示禪風，以垂示三昧門、問答互換門、性起無作用門、緣起無礙門、明機普互門、暗合賓主門、三生不隔門、即幻明真門、用了生緣門、就地顯法門、冥符生緣門、三境順真門、隨機識生門、海印收生門、密用靈機門、啐啄同時門、隨收隨放門、卷舒無任門、一多自在門等法門，啟發學人把握真如法性，悟見本來面目。慧寂駐錫仰山數十載，同時開法於峽江東平寺、新建古佛嶺觀音院等道場。在此期間，光大靈祐所傳禪風，共創以「方圓默契」為宗風的溈仰宗。

　　溈仰宗創立後，以其獨具一格的宗風，很快引起僧俗兩界注意。釋慧寂座下徒眾雲集，傳法弟子有南塔光湧、西塔光穆等十人。新羅（今韓國）僧五冠順支於大中十二年（858）專程投慧寂門下參學，得承心印。乾符元年（870）學成歸國，開法五冠山龍嚴寺，聲名遠播。

　　然而，溈仰宗傳多世後，法脈失詳。直至民國時期，釋虛雲遙接七世興陽詞鐸和尚溈仰宗法脈，是為第八世。一九五三年開始修復雲居山真如禪寺後，主持懸掛溈仰宗鐘板，並於一九五六、一九五八年分別嗣溈仰法脈予釋性福、釋海燈、釋宜北等人，而後釋性福又嗣法釋一誠等人，到一九九二年底已傳至溈仰宗第十二世。[129]

---

[129] 謝軍、史志總纂：《江西宗教志》，北京：方志出版社，2003，第20-21頁。

（三）名人文化

　　仰山神奇幽美，引得歷代文人墨客紛至遝來。唐宋八大家之一的韓愈，在這裡寫下了《祈雨告仰山神》的祭文，表達了他對仰山的敬畏。中唐名相李德裕，為它寫下了《山鳳凰賦》的華章，寄託著他對巍巍仰山的嚮往。晚唐詩人鄭谷，歸隱後，曾築讀書堂於仰山東莊。「江西詩派」的鼻祖、大書法家黃庭堅，在遊歷仰山神廟之後，寫下了《贈仰山簡老》的詩句：「簡師飛錫地，天外集雲峰。挈石松根瘦。欹窗竹影濃。」傾吐出他對仰山奇偉的由衷感歎。南宋「中興四大詩人」之一的范成大不顧天氣寒冷，道路崎嶇，冒雨登山，他站在太平興國寺寺樓上，極目遠望，「層層而上至頂」的仰山梯田，蒼翠秀美，仰山雪峰，盡收眼底，不禁感歎道「誰開大仰雲，此豈吾力及。日光千丈豪，彈指眾峰立。」一腔激情噴薄而出。南宋朱熹在遍遊仰山勝跡之後，難捨這裡的人文之盛，乾脆設席於太平興國寺的四藤閣，開壇講學，使仰山一時成為士子雲集之地。

三、風景名勝

（一）太平興國寺

　　坐落仰山下洪江鄉東南村境內。《袁州府志》載：太平興國寺「在郡城南大仰山下，即慧寂禪師修真處，唐會昌賜名棲隱，宋改今額。唐宋賜經御書碑碣甚多，俱廢，僅存元程鉅夫撰碑

記。」[130]唐會昌年間（841-846），釋慧寂創建，當時規模現已失考。後唐宣宗親筆題賜「棲隱寺」之額。唐咸通年間（860-874）初，釋慧寂應請，移錫洪州（州治今江西南昌）石亭觀音院。此後，釋慧寂的法嗣西塔光穆和東塔禪師先後住持棲隱寺。吳天祐十四年（917），釋慧寂的嗣法弟子南塔光湧由洪州石亭觀音院歸住棲隱寺，入寺之後，釋光湧在繼承光大師承的溈仰宗風的同時，鼎新殿宇，修復僧寮，還將釋慧寂的靈骨從韶州（州治在今廣東韶關）東平山遷回仰山，重新建塔，復刻釋慧寂的皈依弟子、官拜唐昭宗朝戶部侍郎同中下門下平章事陸希聲撰《仰山通智大師塔銘》，勒碑立於塔前。南唐升元二年（938）夏，釋光湧在棲隱寺圓寂，其法嗣釋彥新執掌寺務。入宋以後，棲隱寺香火不斷，並奉敕改名太平興國寺，寺之規制也由原先溈仰宗師嗣相傳的子孫叢林，改為不論法系宗派，十方選賢的十方叢林。其後有青原下七世曹洞宗巨匠袁州仰山禪師，南嶽下十一世、臨濟宗七世慈名楚圓，青原下十世、雲門宗第六世佛印了元，臨濟宗黃龍派二世仰山行偉等先後主持太平興國寺。宋時，太平興國寺有「江右名剎」之譽，殿宇恢宏，佛像莊嚴，慕名來寺參訪的高官顯貴、大德高僧甚眾。名儒朱熹亦曾在寺中西藤閣設席講學。元代初年，臨濟正宗第十八世希陵佛鑒禪師主持太平興國寺。大德七年（1304），遭火災，太平興國寺化為廢墟。釋希陵禪師大

---

130 同治《袁州府志》卷一，《山川》，臺北：成文出版社有限公司，1989，第 3742 頁。

發宏願，四處募緣，歷時八載至皇慶元年（1312），太平興國寺的修復重建工程方告竣。是時，全寺有殿、閣各四座，樓、亭各二座，加上堂、寮、廡、院、台庫等建築達二十八座。雕樑畫棟，斗拱飛簷，「廣信倍於舊而加美焉」，「風景不改於昔而增勝焉」。有司上聞於朝廷，仁宗御筆題書「大仰山太平興國禪寺」之額，又令名臣程鉅夫撰《大仰山重建太平興國禪寺碑》，由趙孟頫書丹，勒石刻碑，以垂後世。在重新修復太平興國寺的同時，希陵佛鑒主持在袁州城南門外興建一座「棲隱禪院」，「為出入祝釐之所」。入明之後，太平興國禪寺漸趨現微。入清之後，康熙年間（1662-1722）之初，臨濟宗第三十四世傳人主持太平興國禪寺。而後，又有曹洞宗第三十三世傳人執掌太平興國禪寺。到道光年間（1821-1850）初，因年久失修，太平興國禪寺殿宇大部分殘毀不全。道光十一年（1831），寺僧在原寺後殿部分舊基上重修寺宇，改名「興國古寺」，以維持香火。到清咸豐年間（1851-1861），興國古寺香火時斷時續。而後，興國古寺僧徒日少，俗人漸入主殿上。新中國成立後，興國古寺已沒有僧人住守了。一九八〇年冬，興國古寺的殿宇被拆毀，但作為溈仰宗偶之祖庭，仍為佛教徒所敬重。

（二）仰山智通禪師妙光之塔

位於城南三十一公里洪江鄉殿上村塔窩裡。坐北向南。唐會昌元年（841），慧寂來宜春仰山創建「棲隱寺」，一時成為遠近聞名的溈仰宗發祥地。慧寂圓寂後於大順二年（891）創建此塔。此塔由塔和亭兩部分組成。塔在亭內正中央，是窣堵坡式花

崗石結構。通高一點一四米。分四層。須彌寶座部分，呈正方形，邊長〇點六二米。塔身（喇嘛塔）為圓柱形，高〇點六米，直徑〇點五七米。周身刻有四圈乳釘，高〇點〇四米，直徑〇點〇九米。塔上寶珠損廢，塔下有地宮。塔亭為花崗石，四角攢尖頂結構。頂部由覆缽、相輪、寶珠組成。亭正面鑲嵌了塔碑，已毀。其餘三面花崗石嵌板密閉。亭通高三點六米，楞柱高一點六米，寬〇點一七米，抹角邊長〇點一二米。頂部通高〇點五八米。這是我省保留至今的一座獨特的唐代塔亭。

（三）網形里塔林

位於城南三十一公里洪江鄉殿上村塔窩里西南半里網形里的山嘴上。坐西向東，背靠仰山。用亂石塊壘成三個階梯，長有二十二點五米，寬十六點五米，占地面積三十七點一三平方米。這裡共十九座墳塔，除二個樓閣式外，餘為亭臺式。其中十座較為完整。每座塔均為雕琢的花崗石砌成，多為六至四楞形單層塔。金剛寶座、塔身、寶頂三個部位，規整、明顯、劃一。每座塔的金剛寶座楞角分明，石質堅固，座下地宮深達二米餘。塔身，有二個是上下兩層，樓閣式。楞柱隨塔的形制不同而有多有少，粗細不一；樓閣式的上層楞柱，明顯低矮。嵌板隨塔的大小、高矮、闊窄而各不相同。除了南、北二塊刻了碑文以外，其餘的刻有多種圖案：如並蒂蓮開、枝頭鳥語、盆景花簇、犀牛望月，還有的是篆體「福」字，或篆體「壽」字。寶頂，一般有仰蓮、寶蓋、覆缽、相輪、寶珠幾個部分，今有倒塌、破損現象。這些塔中，有八塊碑文，其中一塊銘文曰：「中興仰山第二代傳臨濟正

宗三十五世上閑下雲定禪師康熙庚午歲次仲夏月」（因管理太平興國寺有序而著名）。一曰：「傳臨濟正宗三十八代仰山興國堂上志朗大和尚。乾隆四十五年五月」（主持太平興國寺，譽為慧寂祖再世）。一曰「興國寺上自下廊老大祖禪師。嘉慶二十五年」等等。

（四）仰山積雪

「宜春八景」之一。仰山絕頂集雲峰，入夏，雲氣冒其顛，雨立至。山水奇勝，石徑縈回，飛瀑湍奔，白雪皚皚。這裡氣候獨特，孟春、仲春也有下雪現象，常積雪數十天而不化。秋去冬來，只要天微陰，氣溫下降，集雲峰有雪堆出現。驕陽出來，群山霧靄消散，集雲峰更銀裝耀眼。宋代陳袞《仰山》詩云：「絕頂龍淵照碧空，落雲殘霧盡重重。斜陽一掃群山盡，畫出溪南雪後峰」。[131]到了隆冬，那裡成了一座玉削亭立、晶瑩多姿的冰山。山頂積雪遠看如白色氈帽，故題曰：仰山積雪。「宜春八景」詩中，以清代王士鳳作《仰山積雪》最為有名：「花飛六出幾何時，一望嶙峋白璧姿。豈是谷寒春不到，只因峰峭日來遲。雲端積素遙堪畫，城裡增寒暮有詩。添卻老梅三五樹，孤山何處獨稱奇。」[132]

---

131 （宋）陳袞：《仰山》，《宜春市志》，南海經出版社，1990 年出版，第 753 頁。

132 （清）王士風：《仰山積雪》，《宜春市志》，南海出版社，1990 年版，第 769 頁。

　　此外，仰山還有梯雲樓、潺潺閣、仰山正廟、仰山古祠、仰山行洞、二神廟、智通禪師妙光之塔、集雲寺等故建築和鄭谷讀書處等勝跡。

參考文獻

　　宜春市地方誌編纂委員會：《宜春市志》，海口：南海出版公司，1990。

第六節 ▶ 黃龍宗發祥地──修水黃龍山

一、地理概況

　　黃龍山位於幕阜山北麓，距縣城東南方向四十公里處，東西走向，綿亙百里，巍峨高峻，主峰隻角樓海拔一五二八點三米，總面積為五十五平方公里。黃龍山自古就是吳之頭楚之尾，如今則是湘鄂贛三省的天然屏障和自然分水嶺。黃龍山向有「一腳踏三省（湖南、湖北、江西）、一山觀兩湖（鄱陽湖、洞庭湖）、一水發三江（修江、汨羅江、雋水江）、一山藏兩教（佛教、道教）」之稱。黃龍山素以清靜曠遠、山高林茂、風景優美、氣候宜人而著稱，不僅是觀光旅遊的上佳去處，而且是修身養性的天然福地，所以自古為佛道所鍾情，山上道觀寺廟眾多，隻角樓的雲巢，就因為東晉著名的道士葛玄在此修身煉丹、並成仙升天而名揚天下；東麓的黃龍寺更因為開創了有世界影響的黃龍宗，而被古今傳頌。

二、歷史文化

（一）山名由來

黃龍山一名幕阜山，以幕阜山脈名之。相傳，三國時吳太史慈拒劉表從子劉磐，建營幕於此，幕阜山因此得名。晉代葛洪曾有《幕阜山記》為證：

> 山有石壁刻銘，上言：禹治水，登此山，高於平地一千八百丈，周五百里，二十四氣，福德之鄉。洪水之災，居其上可以度世，又有列仙之寶壇場在其側。旁有竹兩本，修翠猗然，隨風掃拂。其上有池，水甚澄潔，時有二魚游泳其中。有葛仙翁（即葛玄，三國吳琅邪人，葛洪的從祖父）煉丹井，藥臼尚存。山無穢草，惟杞與芳苣之屬。有石山，產如丹珠。絕頂有石田數十畝，塍渠隱然，非人力所能為！地絕高險，莫能上。有僧園曰長慶，有宮曰玉清。鳥道斷絕，不可登覽，左黃龍，右鳳凰，皆在山麓也。[133]

黃龍山不如幕阜、鳳凰兩峰高，故也叫「輔山」。《清一統志》載，黃龍山，「在寧州偏西一百八十里，與湖北通城縣相

---

133 （晉）葛洪：《幕阜山記》，載《說郛》卷六十二下，元陶宗儀撰，四庫全書本。

接，一名輔山。高千餘仞，頂有湫池，歲旱禱之，輒應。」[134]但它巍峨雄壯，承前啟後，卻又是整個幕阜山脈的主體，是實際的主峰，所以當地習慣往往以黃龍山代指幕阜、鳳凰、黃龍三山。清同治版《義寧州志》載：「府志云，高者若鴉飛鶴舞，下者若獸伏馬馳。張商英云，黃龍幕阜鳳凰連屬，秀峰翠寶，多靈草仙藥，古屬武昌。《吳志》云，黃龍二年，黃龍見於武昌，即此山也。許旌陽嘗煉神丹於此，丹成，祭於幕阜葛仙翁石室，山有蛟魅，作洪水欲漂丹室，真君遣神兵擒之，釘於石壁，今釘蛟石猶存山下。有黃龍寺，修江八景此其一也。」[135]

（二）宗教文化

黃龍山是佛教黃龍宗的發祥地。因其山幽林靜，向來為佛道所鍾情，很早開始就有了佛教和道教的活動，宗教文化濃郁。關於黃龍山佛教活動的記載，最早可見於東晉葛洪所著《幕阜山記》。文中載幕阜山「有僧園曰長慶」[136]，宋黃庭堅《興化禪院記》載：隋初在「幕阜之東，黃龍山之下」的青龍山（現名土龍山）「背山向溪」有道場叫「靈台院」[137]。唐代，禪宗大盛於江

---

134 《大清一統志》卷二百三十八，四庫全書本。

135 同治《義寧州志》卷三，《山川》，臺北：成文出版社有限公司，1989，第 167 頁。

136 修水縣誌編纂委員會：《修水縣誌》，深圳：海天出版社，1991，第 518 頁。

137 修水縣誌編纂委員會：《修水縣誌》，深圳：海天出版社，1991，第 520 頁。

南，洪州禪興起於江西，修水山峭水幽，民風樂施，吸引著很多禪侶，一時寺院林立。黃庭堅在《分寧雲岩禪院記》中追記唐代修水佛教盛況時稱「江西多古尊宿道場，居洪州境內者以百數，而洪州境內禪席居分寧縣者以十數」[138]，馬祖道一、百丈懷海等曾先後在本縣進行過弘法活動。

黃龍山以黃龍寺最為有名。唐乾寧年間（894-898），青原門下超慧禪師在黃龍山創立黃龍寺（原名于玗寺），一時宗風遠振，禪侶雲集。自呂洞賓與超慧禪師鬥法敗北成為其護法弟子後，黃龍寺名聲日震，影響日遠，有「法窟」之美稱，寺前三門衝口石樑上「法窟」二字至今完好。傳其統者，分居於廬山、武昌等地，廬山黃龍寺即為其弟子所造。自超慧三世，五代之亂，遂湮廢於民居。宋代黃龍寺漸次修復，並獲得空前發展。宋大中祥符八年（1015），宋真宗敕賜黃龍寺為「崇恩黃龍禪院」，故該寺便有「三敕崇恩禪院」和「大崇恩禪寺」之稱。宋英宗治平二年（1065），洪州太守程師孟敦請臨濟宗八世釋慧南主持黃龍寺，在此創立黃龍宗，聲震四方、叢林側目。

超慧禪師，俗名張真熹，字晦機，河北清河進士。黃龍之鼻祖。咸通三年（862）由福建節度使棄官遁入空門，投釋玄泉彥門下，得其印可。先住永安寺，後遷黃龍山，建黃龍于玗寺，法緒昌隆，徒嗣甚眾。光化二年（899），元祐元年（904），朝廷

---

138 修水縣誌編纂委員會：《修水縣誌》，深圳：海天出版社，1991，第520頁。

旌表他為「黃龍大德祖師」,「黃龍祖師」。超慧之禪經黃龍海傳至黃龍志願,三代即絕。

　　釋慧南(1002-1069),一作惠南,俗姓章,信州玉山(今江西玉山)人。十一歲在州內定水庵投智鑾和尚出家,十九歲落髮受具足戒,後到各地參學。先後師事廬山歸宗釋自寶、棲賢澄湜、泐潭懷澄、福岩審承等人。景祐三年(1036),堅請入釋石霜慈明室,蒙其印可。初開法於同安寺(在今江西永修縣艾城鳳棲山),後移住廬山歸宗寺,再主新昌黃檗寺(在今江西宜豐),於溪旁結集翠庵修行。治平二年(1065),應隆興府(府治在今江西南昌)太守程師孟等請,入主義寧黃龍寺(在今江西修水縣)直至圓寂並塔葬於黃龍山。

　　釋慧南於石霜慈明座下飽受錘煉,得承臨濟心印。到黃檗祖庭之後開始用「三關」之法接引學人,到黃龍山時「三關」之用爐火純青。三關之法,即「師室中常問僧出家所以、相關來歷,復扣云『人人盡有生緣處,那個是上座生緣?』又復當機問答,正馳鋒辯,卻復伸手云『我手何似佛手?』又問諸方參諸講師所得,卻復垂腳云:『我腳何似驢腳?』三十年示此三問,往往學者多不湊機。叢林共目為三關。」對此三關的禪法旨要,釋慧南曾自作偈語釋之。第一關有云「生緣有語人皆識水母何曾離得蝦。但見日頭動畔上,誰人更吃趙州茶」。第二關則云「我手佛手齊舉,禪人直下薦舉。不動干戈道出,自然超越佛祖」。第三關則云「我腳驢腳並行,步步踏著無生。會得雲開日見,方知此道縱橫。」釋慧南的「三關」之設,充滿禪機,獨具匠心,因而在當時叢林之中反響很為強烈,十方衲子慕名而來,「法席之

盛，堪比泐潭馬祖、百丈大智」。慧南座下嗣法弟子八十三人，其中較為出名的有祖心晦堂、寶峰克文、東林常總、雲居元祐、隆慶慶閑、泐潭洪英等。再傳弟子則更多，比較有名的有死心悟新、泐潭文准、寂英惠洪等。而後，代相傳承，成為黃龍一派。但值得說明的是，慧南座下黃龍派傳人大多受其師祖慧南韜光晦跡風氣的影響，大多以隱於山林小剎為樂事，事蹟不為人知，故以往史學家有稱黃龍派法脈數代失詳。但從歷史的實際看，黃龍派的法緒自宋迄元明而清，並未斷絕，僅釋死心下靈源一系，經長靈守卓、育王介諶、萬年曇貢、天童從瑾、虛庵懷敞而由明庵榮西傳往日本。建立日本較早的禪宗宗派。

在黃龍宗風的巨大影響下，高麗國師坦然欣然奉佛，皈依在黃龍五世育王介諶門下，坦然嗣王位後黃龍宗在朝鮮傳播日廣；而日本僧人明庵榮西，則拜黃龍第八世虛庵懷敞為師，宋光宗紹熙二年（1191）學成回國，即被升為僧正，更是在日本大倡黃龍學術，使黃龍後裔遍佈日本全國，至今還有黃龍宗支派十五個。黃龍宗通過日、韓傳至東南亞，又從東南亞遠播歐洲、美洲等地，成為信徒遍佈全球、影響遍及世界的大宗派，在佛教界有著深遠而廣泛的影響。

同時，在黃龍宗祖庭黃龍寺，歷代香火不絕，法脈傳承有續。到明萬曆年間，主持已有四十七代之續。清康熙年間，釋冰鑒和尚為主持，創佛印、教海、南禪三院，門徒法嗣多達五〇〇餘眾。不僅如此，元、明、清諸代，黃龍派法脈傳承不斷，廣及江西上高、高安以及湘、鄂、閩諸省。一九八六年發現的清乾隆二十七年（1762）編纂的《黃龍崇恩禪院傳燈宗譜》，收錄直至

其時黃龍派法脈傳承文獻資料，其中對於黃龍派法脈傳承記載尤為詳確[139]。

《黃龍崇恩禪院傳燈宗譜》，簡稱「黃龍宗譜」，凡上下兩大卷（每卷為一冊），清乾隆二十七年（1769）編修，是研究中國禪宗黃龍派歷史的原始資料，今江西修水縣圖書館資料室藏有上卷兩冊，為海內外孤本。據《黃龍宗譜·序》記載，當時共印六部，計十二冊。是黃龍寺及其所屬佛印、翠雲、飲泉、香水、天壽等六寺禪僧共同編修的大同僧譜。以六藝之名「禮、樂、射、禦、書、數」六字編號，分別由六寺保存。今修水縣圖書館所藏兩本上冊，一為「射」字本（即原收藏於翠雲一支所存者）。另一冊編號已不可辨。《黃龍宗譜》內容相當豐富，上下兩冊共計有二〇四章。上冊主要內容包括序、敕、記、錄、早期禪師行跡、傳略、法語、歷代詩集、衍派總圖、禪林寶訓等。下冊所載則有歷代禪僧傳承吊線譜圖、雁行、各寺支派、十會塔記及歷代高僧傳略、墓銘等。[140]

黃龍山的道教活動亦歷史悠久。相傳葛玄曾在此煉丹。晉葛洪的《幕阜山記》中載：黃龍山，「有葛仙翁（即葛玄，三國琅琊人，葛洪的從祖父）煉丹井、藥臼尚存」[141]。道光版《義寧

139 謝軍、史志總纂：《江西宗教志》，北京：方志出版社，2003，第 27-28 頁。

140 謝軍、史志總纂：《江西宗教志》，北京：方志出版社，2003，第 165 頁。

141 修水縣誌編纂委員會：《修水縣誌》，深圳：海天出版社，1991，第

州志》載:「葛仙翁,名元,字孝先,江南句容人。嘗煉丹於幕阜山。石室幾案棋局,皆石為之。晶瑩可玩,俗號為八閤樓,石壁上有禹蝌蚪書。從孫洪,字稚川,亦好神仙道養之術,晉元帝時辟為丞相掾,以平賊功賜爵關內侯。咸和除選為散騎常侍,不就。求為句漏令,曰非欲為榮,以有丹耳。乃於羅浮山煉丹優遊閑養,著內外篇,號抱朴子。又嘗遊幕阜山,居其祖仙翁石室三載,著《幕阜山記》。」**142**故宋初詩人陳摶《遊黃龍幕阜山》云:「山高一千二百丈,太玄二十五洞天。芒鞋踏破仙家景,寶劍劈開雲霧煙。金鯉一雙遊碧沼,石田三畝綻紅蓮。我來絕頂無他謂,特訪仙人葛稚川。」**143**

道教淨明派創始人許遜(許真君)也曾隨吳猛「煉仙丹於艾城之黃龍山」,《義寧州志》記:「許遜,字敬之,南昌人。聞西安大洞君吳猛得至人丁義神方,乃往師之。傳三清法要,與猛煉神丹於艾城之黃龍山。山湫有蛟魅湖為淵藪,輒作洪水欲漂丹室,遜乃遣神兵擒之,釘於石壁。丹成祭於幕阜葛仙翁石室」**144**。是時,包括修水在內,「環幕阜有道宮曰松林,曰紫

518 頁。

142 同治《義寧州志》卷二十二,《仙釋》,臺北:成文出版社有限公司,1989,第 1177 頁。

143 修水縣誌編纂委員會:《修水縣誌》,深圳:海天出版社,1991,第 508 頁。

144 《義寧州志》卷二十二,《仙釋》,臺北:成文出版社有限公司,1989,第 1175 頁。

清，曰崇虎，曰玉清。玉清宮山水為勝」[145]。許遜在修水以善治水聞名。後民間廣傳其「捉孽龍」故事，且稱之為「普天福主」，建有很多座萬壽宮祭祀他，隋唐以降，此山多為道教活動場所。

（三）歷史遺存

黃龍山不僅山川秀美，景色奇特，而且歷史淵遠，文化厚重。相傳大禹治水就曾登此山，並勒石鈐銘，山上多存歷代道痕佛跡，至於文人墨客留下的詩詞賦聯，更是不可勝數，僅黃庭堅的石刻手跡就有十多處，如黃龍山、法窟、三關等，古代遺跡如觀音井、三塔嘴、靈源橋、僧浴池、上天梯等也有很多，此外，山南天岳關有國民黨修建的抗日無名英雄紀念碑，上有蔣中正手跡「氣壯山河」，山北有清代所建的苦竹嶺石卡，其側巨石上蜀人楊漢域率兵破倭的記事仍歷歷在目。歷代達人賢士在黃龍山題詩賦句，揮毫烙鈐，留下不少彌足珍句的詩章石刻，成為不可多得的歷史文物，衍生了不少膾炙人口的歷史典故和傳說，為黃龍山增添了濃郁的人文氣息和厚重的歷史內涵。

145　《大清一統志》卷二百七十九，四庫全書本。

三、風景名勝

（一）黃龍寺

位於黃龍山東麓，原名黃龍于玕寺，唐乾寧年間超慧禪師所創，宋代江西四大叢林之一，是中國佛教禪宗黃龍派的祖庭。

超慧，本姓張，清河（今江蘇淮陰縣）人，曾受法於青原六世玄泉彥禪師。其至黃龍寺不久，宗風遠振，禪侶雲集。朝廷先後於光化二年（899），天祐元年（904）旌表他為「黃龍大德祖師」和「黃龍祖師」，並賜「超慧禪師」之號。傳其統者，分居於盧山、武昌等第。傳說呂洞賓路過黃龍山，同超慧鬥法，敗而成為其護法弟子。超慧之禪經黃龍海傳至黃龍志願，三代即絕。

五代時期，黃龍寺因戰亂廢為民居，宋代黃龍寺漸次修復。大中祥符八年（1015）敕賜崇恩禪院，前後又有兩次受敕蒙恩，故有「三敕崇恩禪院」和「大崇恩禪院」之謂。治平二年（1065）洪州太守程公孟敦請叢林名僧臨濟八世釋慧南入黃龍為主持。釋慧南革故鼎新，莊嚴執法，禪法別具，座下法筵常盛，很快黃龍寺就成為聞名遐邇的大叢林。

釋慧南，一作惠南（1003-1069），江西玉山縣人，俗姓章。少年出家，博通內外經典，遍參四方尊宿，後得石霜慈明印可。入主黃龍之前，曾開法於建昌同安（在今江西永修縣）、盧山歸宗、新昌黃檗（在今江西宜豐縣），聲名已著。釋慧南佛法兼融百家之長，又謹嚴俊利，慣以生緣、佛手、驢足三問接引學者，鍛盡凡聖，少人契機，當時叢林目為「三關」，史稱「黃龍三

關」。[146]自成黃龍一宗。

　　釋慧南入主黃龍後，「法緒之盛堪比江西馬祖、大智」，「天下參禪學道之士，莫不歸趨」。因而，短短幾十年間，「黃龍宗派，橫被天下」，自成黃龍一宗。釋慧南座下高僧輩出，釋祖心、釋死心、釋靈源、寶峰克文、東林常總等名重一時。宋熙寧二年（1069），釋慧南在黃龍寺圓寂。茶毗得五色舍利甚眾，塔葬於黃龍山之前嶂，保存至今。大觀四年（1110），宋徽宗敕諡普覺之號。

　　《五燈會元》載：「師（慧南）室中常問僧月『人人盡有生緣，上座生緣在何處？』正當問答交鋒，卻復伸手問：『我手何似佛手？』又問諸方參請宗師所得，卻復垂腳曰『我腳何似驢腳』？三十餘年，示此三問，學者莫有契其旨。脫有酬者，師未嘗可否。叢林目之為『黃龍三絕』」。主要理論是「道不假修，但莫污染；禪不假學，貴在息心」。至門下受法且廣其傳者三十四人，再傳弟子則「橫被天下」。後是宗經晦堂祖心，靈源惟清、長靈守卓，育王介諶、萬年曇賁，雪庵從瑾、虛庵懷敞相繼傳承，於淳熙十四年（1187）由日僧明庵榮西傳到日本，首創日本禪宗。至今日本禪宗守黃龍法道者猶分為妙心寺派、建長寺派、圓覺寺派等十五各支派，擁有眾多信徒。[147]

146 謝軍、史志總纂：《江西宗教志》，北京：方志出版社，2003，第 65 頁。

147 修水縣誌編纂委員會：《修水縣誌》，深圳：海天出版社，1991，第 560 頁。

黃龍寺自慧南之後，高僧代出，見於《五燈會元》者有：祖心、惟清、死心、元素、慧慶、道震、德逢、法忠等。前往受法者亦盛，有所謂「鹿野狐園，眾千二百神僧」之說。

　　黃龍寺歷宋、元、明、清幾代近千年，幾度興衰，但香火不斷。明代萬曆年間（1573-1620），黃龍寺第四十七代住持釋盛庵重振宗風，肅嚴寺規，豐裕常住。清康熙年間（1662-1772），釋冰鑒主持法席，修復寺宇，創佛印、教海、南禪三院，座下法嗣多達五〇〇餘眾，寺隸庵剎有四十八所。清乾隆二十七年（1762），黃龍寺常住編纂大同譜，名《黃龍崇恩禪院傳燈宗譜》，共印六部十二大冊。

　　道光版《義寧州志》載：黃龍崇恩禪寺，「在九十五都黃龍山下，為古于玗地，始建於唐乾寧中，晦機賜號超慧禪師。宋祥符八年賜額崇恩禪院，有觀音井、翠雲洞法窟、靈源橋、桂香亭諸勝，運使張商英有記（《黃龍崇恩禪院記》），陸遊有三門記（《崇恩禪院三門記》），見於藝文。自元明迄國朝屢加修葺。」曾有黃庭堅手書「三敕崇恩黃龍禪院」匾額。明代劉基撰書對聯：「呂祖參禪到此間，始識修行奧妙；黃公訪道登斯處，方明出世因緣」。

　　進入民國之後，戰火不斷，黃龍寺逐漸衰落。一九二八年，黃龍寺遭戰火所毀，僅存屋宇數十間。到一九六六年「文化大革命」開始時，僅存的數椽寺宇再遭重創，現僅存西方丈一角。但直到今天，黃龍寺附近有觀音井、浴澡塘等遺跡，釋慧南、釋祖心、釋死心等的數十座塔墓遍佈遠近山頭，「三關」「靈源」「翠雲洞」等多處石刻仍然保存完好。

（二）觀音井

在黃龍寺左一○○米處。井沿一石，名試心石，露出水面，人立其上搖晃欲墜。俗傳心術不正者石搖生恐，光明磊落者雖晃不懼。觀音井上建有一大型石亭，六柱斗拱結構，柱上有二指掐入之痕，井沿有一深深足跡。相傳呂洞賓與黃龍寺一代祖師超慧鬥法敗北，寶劍被佛塵打入井中，超慧令其接客三年，方可取劍下山。三年期滿，呂洞賓以二指掐亭柱，腳踏井沿，運氣背劍，故留痕跡。前人留詠有「井號觀音蓋石亭，洞賓痕跡果然真」之句，宛見當年情形。

（三）玉皇殿遺址

距湫池約五○○米，已倒塌，地面尚存部分麻石瓦和條石，其中石房二間，房基保存完好。

（四）石馬龍王井

玉皇殿址北側有以石亭，亭中有一井，井水清澈，井下一泓清泉，常年湧流不息。亭門聯曰：「石馬馱經通三界，龍王引水潤十方」。該亭為民國八年（1919）重建。

（五）黃龍寺石刻

黃龍寺附近珍貴石刻有七處，寺前有黃庭堅手書「靈源」「法窟」「黃龍山」。「靈源」行書陰刻於靈源橋頭；「黃龍山」正書陰刻於下馬前，字徑八十五釐米；「法窟」陰刻於三塔嘴側山崖

上，字徑約八十釐米；寺右有「翠雲洞」三字，洞內崖壁有宋人題刻「張顏幾、黃叔豹、叔敖、茂來謁長老清公，時堂中有眾五百人，建炎己酉二月甲子」，其側有江西詩派詩人韓駒題刻「韓駒丕馳來遊」；寺右上天梯處有「南無阿彌陀佛」；化人坑路壁有「三關」摩崖石刻，字徑一○○釐米。

（六）龍王峰

位於黃龍山頂部，海拔一五一一米，駐足峰巔，環覽群山，腳下雲飛霧走。天高氣爽之日，放眼西眺可觀洞庭碧波，極目東望能見鄱陽湖光，令人心曠神怡，如入仙境。

（七）龍湫池

位於龍王峰西北約三○○米處，為一口二尺見方的水井。亦即石馬龍王井。井水清澈甘甜，終年不涸，《義寧州志》載：「山頂有龍湫，中有黃魚二尾，能致風雨。」[148]黃龍山因此而得名。

（八）太史幕、試劍石

太史幕位於龍湫池南約五十米處。三國時吳太史慈拒劉表從子劉磐，建營幕於此，幕阜山因此得名。有列仙山台、系舟峰二巨石，其下約五十米處，試劍石倚山而立，傳為仙人呂洞賓欲與

---

148 同治《義寧州志》卷三，《山川》，臺北：成文出版社有限公司，1989，第 167 頁。

超慧禪師鬥法，劈石試劍，巨石開裂，有鬼斧神工之妙。

（九）犀牛望月

龍王峰東五〇〇米處，有巨石狀如犀牛回首，四周峰隘相連，絕壁臨川，與龍湫池翹首相望，其後有石龜探頭欲出，名神龜馱經，石龜之後二峰之間，有二險要關隘，謂鎖雲關、掠燕關。佇立二關之間，遙望龍王峰下的崩雲石瀑，一瀉千里，壯觀非凡，關下有石龜問松，向谷而出，關上玉女梭被巨石托起，欲墜不墜。犀牛望月之前，崢嶸絕壁上千年虯松倒掛，奪天地日月之精華，熬風霜雨雪之洗禮，頑強槃根於石縫，展枝系鬱，雄姿傲然，若從龍王峰俯瞰或從鯉魚朝天仰觀，猶如一副虯松倒掛絕壁圖，更令人叫絕。

（十）鯉魚朝天

位於犀牛望月東約一〇〇〇米處，遠觀酷似一尾巨鯉躍出，高聳的山脊上一巨石崩為兩半，狀如魚口，欲開欲合，直向蒼穹，名金鯉承露，人立魚口之中，不過一隻魚牙大小，金鯉承露旁有一關隘，名魚口關，二者之間的唯一通道，是一條只能側身通過一人的石縫。有一夫當關萬夫莫開之險。鯉魚朝天之景，以奇險為勝，其下為青石坡，是從山下入關的必經之道，非好漢不敢攀登。

（十一）滴水崖

位於龍湫池北面約二公里處，山間小溪在此處突然跌落，形

成高四十餘米的瀑布。瀑布落處，珠飛玉濺，白浪翻花，一潭碧水漣漪蕩漾，人立潭邊岩石之上，碎影飄搖，頗為壯觀。滴水崖東二〇〇米處為黃龍山林場駐地，四周綠林掩映，鳥鳴山幽，清風習習，為避暑佳處。

（十二）瀑布坑

位於犀牛望月東北面約一公里處，為一條深長峽谷，修河發源於此。峽谷末端與犀牛望月相連，一線瀑布從左翼二〇〇餘米高處飛流而下，右翼有一條一〇〇餘米的峭壁，與瀑布相連。遙望，有蒼鷹棲於懸崖，故又稱鷹窩崖，峽谷怪石嶙峋，石松挺拔，蒼鷹盤旋，松風流韻，百瀑飛掛，林鳥囀鳴，最是幽靜宜人去處。

（十三）泰清溫泉

位於黃龍山東北麓，終年熱泉噴湧，泉上有前清和民國時期所建石室石亭。該溫泉現在已經初步開發。

（十四）鳴水瀑布

位於黃龍山東南水源鄉境內。溪水至此居高瀉下，形成瀑布，高三十餘米，拍浪飛花，氣勢磅礴，宋代詩人韓駒有「未流乘半山，十里見佛白」句。

第七節 ▶ 臨濟宗策源地──宜豐黃檗山

一、地理概況

黃檗山為佛教禪宗五大宗派之一臨濟宗的祖庭，坐落在宜豐縣西北部的黃崗鄉境內，層巒疊嶂，山清水秀，處處飛瀑鳴泉、古木參天。正如《鹽乘縣誌》記：「黃檗山城西八十五里，層巒疊嶂，氣象特雄，陳泰來詩云：『不識攀躋路，千峰與萬峰。問天穿雨密，破石度雲重。霧隱迷全豹，山靈澤亢龍。莫辭登絕巘，著處見從容。』」[149]

黃檗山物產豐富，尤其是黃檗茶堪稱一絕。黃檗茶亦稱虎跑茶、黃檗毛尖，為園條形炒青綠茶。黃檗茶湯色綠嫩，鮮爽甘醇，為茶中之佳品。宋代蘇轍飲黃檗茶後賦詩：「黃檗春芽大麥粗，傾山倒谷采無餘。」[150]黃檗山的竹極具韻味。篁竹幽幽，綿延十萬畝竹林，堪稱美妙絕倫的竹世界。剛竹、紫竹、苦竹、四方竹、桂竹、箬竹、實心竹、涼竹、雷竹等種類繁多，是名副其實的竹海。

---

149 民國《鹽乘縣誌》，《山川》，臺北：成文出版社有限公司，1975，第97頁。

　　150 （宋）蘇浙：《茶花》，載《欒城集》卷十，四庫全書本。

二、歷史文化

（一）山名由來

　　黃檗山一名鷲峰，相傳早年有西域僧人雲遊至此，見山形如天竺鷲峰，故名鷲峰，肇基建寺，寺名鷲峰寺。唐開成年間（836-840），釋希運在釋百丈座下承嗣洪州宗風後，遵師囑出外弘法，行及鷲峰寺，駐錫於此，長達數十年之久，直至唐大中十一年（857）在此圓寂，塔葬寺側。期間，釋希運念及自己出家剃度和受具足戒衣缽之後所載的福建福清縣黃檗山，為感師德，不忘根本，將鷲峰改名黃檗山，易寺額曰黃檗禪寺。

（二）宗教文化

　　黃檗山作為禪宗五家之一的臨濟宗的祖庭而聞名海內。臨濟宗的創立始於希運禪師。黃檗希運（？-857），俗姓王，福建長樂人，唐時居黃檗山鷲峰下，人稱黃檗希運。少年時在福建黃檗山出家。及長，北上參學，至上都（今陝西西安），得老嫗指引至江西參學馬祖道一。至江西，道一已圓寂，於其塔所謁釋百丈懷海，師事之。隨侍數載，悟得師公道一大機大用，經釋懷海印可後，出世住新昌黃檗山（今屬江西宜豐縣）。以修持精嚴，見地非凡，聲名遠播，以致「四方學徒，望山而趨，睹相而悟，往來海眾常千餘人。」會昌三年（843），應鐘陵（今江西南昌）廉鎮裴休之請，入主鐘陵龍興寺（址在今江西南昌市境），躲過「會昌法難」。大中二年（848），裴休移鎮宛陵（今安徽宣城縣），又迎請希運至宛陵開元寺，朝夕參扣。希運於宛陵開元寺

廣開法座，講經說法，影響日漸擴大，「自爾黃檗門風勝於江
表」。**151**

　　《鹽乘縣誌‧高僧傳》中載：「希運，俗姓王，福建長樂人。
唐時居黃檗山鷲峰下，人稱黃檗禪師。乃曹溪六祖之嫡孫，西堂
百丈之法侄也。額間隆起如珠，音辭朗潤，志意沖淡，獨得最上
乘離文字之印，唯傳一心如日輪升空，光明照耀，淨無纖埃。故
其言簡，其理直，其道峻，其行孤。四方學徒間山而趨，往來海
眾，常千餘人。臨濟來問佛法輒棒之如是者三，濟辭去，乃命之
高安灘頭參大愚，一言得契，復回，遂印可焉。會昌三年，相國
裴休遷至鐘陵，憩龍興寺。大中二年，又遷至宛陵，憩開元寺，
相從問答而記之，為《黃檗傳心法要》。其得自宛陵者，曰宛陵
錄：「仰山常雲馬祖出八十四人。善知識，唯希運。百丈得大
機，黃檗得大用，餘者皆唱道之徒。希運以大中三年卒於本山，
臨終時，語諸弟子，前後三際，前際無去，今際無住，後際無
來。安然端坐，任運不拘，方名解脫，努力努力。宣宗聞其言，
大善之，敕謚斷際禪師，塔曰廣業」。**152**

　　僧徒義玄（？-867）從希運學法三年，之後往鎮州（河北正
定）滹沱河畔建臨濟院，廣為弘揚希運所倡啟的禪宗新法。這種
禪宗新法因義玄在臨濟院舉一家宗風而大張天下，後世遂稱之為

151 謝軍、史志總纂：《江西宗教志》，北京：方志出版社，2003，第 21
頁。

152 民國《鹽乘縣誌》，《山川》，臺北：成文出版社有限公司，1975 年，
第 1344-1345 頁。

「臨濟宗」，而黃檗禪寺也因之成為臨濟宗祖庭。釋義玄（786-866），俗姓邢，曹州南華（今山東菏澤）人。出家且住了一段講肆，方南下入贛，直奔黃檗，親近釋希運。隨侍三載，方去問「祖師西來意」，三次請問，三次被打，後至高安（今屬江西）親近釋大愚禪師，得指點後復回黃檗，終得承受心印，北上河北鎮州（今稱保定），肇建臨濟院，宣稱「我欲於此監理黃檗宗旨」。而後，釋義玄光大釋黃檗希運所授，博采眾家之長，創立臨濟一家之風範，成為一代宗師。此後在祖庭黃檗山（在今宜豐縣）、廬山圓通寺、建昌石門泐潭寺（今靖安寶峰寺）傳承甚廣。宋代臨濟在江西的弘傳，尤為熾盛。門下有楊岐方會與黃龍慧南獨開新派，形成中國佛教禪宗「一花五枝七葉」之盛況，高僧輩出，祖庭燈耀，長年不衰。

發端於宜豐黃檗山而興盛於鎮州正定的臨濟宗，傳至高僧楚圓（896-1039）門下。又分出黃龍、楊岐二派。黃龍開宗者為慧南（1002-1069）。慧南初學雲門，後從臨濟，主持黃檗後，有法嗣八十三人，其中以祖心（1025-1100）、克文（1025-1102）、常總（1025-1091）三僧為上首，他們都在黃檗山從慧南參禪。克文在慧南圓寂後，又移洞山開堂，法嗣人三十六，而以德洪（即惠洪 1071-1128，宜豐人）為上首。德洪不僅以詩名聞海內，而且精禪學，曾著《臨濟宗旨》。祖心先後三次到黃檗山參禪，後往修水黃龍寺，六傳至靈源維清（12 世界末期黃龍嫡傳法嗣）。日本僧人榮西將黃龍宗派引入日本，使臨濟宗在日本得到極大發展。十三世紀初，日本僧人俊芳又將楊岐宗派傳入日本。日本鎌倉時代禪宗二十四派中，有二十派出於楊岐法系。二十世紀八〇

年代，日本臨濟宗信徒已逾五○○萬人。

三、風景名勝

（一）黃檗禪寺

坐落於新昌（今宜豐縣）黃崗鄉黃檗村黃檗山上，距縣城新昌鎮九十六里。相傳早年有西域僧人雲遊至此，肇基建寺，寺名「鷲峰寺」。唐開成年間（836-840），釋希運在釋百丈座下承嗣洪州宗風後，遵師囑出外弘法，行及鷲峰寺，駐錫於此，長達數十年之久，直至唐大中十一年（857）在此圓寂，塔葬寺側。期間，釋希運念及自己出家剃度和受具足戒衣缽之後所載的福建福清縣黃檗山，為再弘師德，不忘根本，將鷲峰改名黃檗山，易寺額曰黃檗禪寺。釋希運在黃檗禪寺力弘洪州宗風，倡立「無心」說，繼承其師釋懷海乃至師公馬祖道一的棒喝手段，嚴課徒眾，座下法筵常盛，弟子法嗣多人，以釋臨濟義玄為最著名，後於河北鎮定臨濟院創立臨濟宗。唐宣宗李忱當年避禍隱於沙侶隊中，也曾特地來到黃檗禪寺，參學於釋希運座下。

進入宋代，黃檗禪寺香火很宋皇祐年間（1049-1054），黃龍慧南移錫黃檗禪師，並在溪側搭建茅蓬獨自禪修習靜，在此光大臨濟宗風，展示「那個是上座生緣？」「我手何似佛手？」「我腳何似驢腳？」為主要門關的「三關」之法接引學人，啟臨濟宗黃龍派之端倪。駐錫黃檗寺期間，黃龍慧南座下法筵盛開，弟子有數十人，以釋祖心、釋克文、釋常總為較突出。而後，各人開化一方。南宋初年，釋佛智主持黃檗禪寺法席，以德行出眾，奉

詔進京覲上，弟子也得領紫衣袈裟。宋紹興九年（1139），黃檗禪寺更名為報恩光孝寺，香火祀奉徽宗。宋代期間，黃檗禪寺香火不斷，代有名僧主持。其址雖為偏僻，但卻聲名遠播。文人達官顯貴慕名來訪者眾。位居唐宋八大家之一的蘇轍，任職瑞州（州治在今高安）期間，多次至黃渤禪寺參訪，對寺僧所制有「中州絕品」之譽的黃檗茶很為讚賞，賦詩譽之。「黃檗春芽大麥粗，傾山倒谷采無餘。久疑殘杵陽和盡，尚有幽花霰雪初。耿耿清香崖菊似，依依秀色嶺梅如。經冬結子猶堪種，一畝荒園試為鋤。」（《茶花二首》之一，《欒城集》卷十）宋代名士黃庭堅、蘇軾等也先後到黃檗禪寺禮祖參謁。

明中葉，黃檗禪寺因年久失修，主持乏高僧而圮。崇禎二年（1629），隆興府（府治在今江西南昌）信眾甘唯理、朱以儀等倡議捐款重建黃檗禪寺，並禮請釋行月由杭州慈濟寺遷錫黃檗，主持丈席，是為第三十二代主持。入主之後，釋行月率眾重振黃檗宗風，重建殿堂。數年後，黃檗禪寺香火後盛。清康熙三十四年（1695），釋行月在黃檗禪寺圓寂。徒嗣為之建塔寺側，塔碑有「黃檗中興祖師」之尊。繼釋行月之後，黃檗禪寺主持代有人繼，香火不斷。到清光緒二十六年（1900），黃檗禪寺又遭火災所毀，僅存旁殿數楹而已。**153**

新中國成立後，特別是八〇年代之後，宜豐縣有關部門開始

---

153 謝軍、史志總纂：《江西宗教志》，北京：方志出版社，2003，第 59 頁。

對黃檗禪寺及其周圍佛教遺跡、遺址進行修復。黃檗禪寺附近的希運祖師塔、皇叔塔、亦葦岸禪師塔、湛虛禪師塔、達慧禪師塔等均得到修復與保護。

黃檗山現存主要景點有瀑布、虎跑泉和佛塔群。佛塔群中以運祖塔和皇叔塔最為有名。運祖塔為希運葬身之墓，皇叔塔則是追緬唐宣宗李忱在黃檗師從希運習禪而建立的紀念塔。

（二）運祖塔

即希運墓塔。唐大中十一年（857），希運禪師在黃檗山黃檗寺圓寂，獲唐宣宗賜諡斷際禪師，塔葬於黃檗山前村基山上。塔高三點一米，寬二點一米，塔身為寶瓶式，塔座為須彌座，束腰肥鼓，上枵四角翹起。塔身上粗下細，遍刻垂幔。正面刻雕成塔門。塔剎六角造型，高頂華蓋。有覆缽、仰蓮、寶珠三層構成。塔周圍有花崗石砌羅圍，羅圍前有石台、石柱、石階。石台正中有一碑，正中鐫有「斷際運祖塔」字樣。羅圍後部正中鐫有一塊高一點八米、寬〇點五米石碑，正中上刻有「開山始祖希運諡斷際禪師之塔」等字樣，兩側為刻有清代兩次重修主持者法號及時間。塔前置石欄和拜台。

（三）皇叔塔

在希運墓塔以東四十米處。皇叔即李忱，是唐憲宗第十三子，曾在黃檗寺隨希運學佛。李忱逝世後，黃檗寺僧建此衣缽塔以為紀念。塔為黃崗石雕琢疊砌，平面為四方形，底座為雙層須彌座，下束腰。每方各刻四佛像。塔身為寶瓶狀。

（四）虎跑泉

在黃檗寺遺址左側。泉水從地下橫洞中湧出，積而成潭。四周用塊石壘砌方池。池沿用四石柱、四石板作成井欄。上方石板內壁刻「虎跑泉」三大字，蒼勁有力。井旁有石鑿大鹽盆一口，小盆四口，是當年和尚洗濯之處。

（五）黃檗飛泉

在寺東三華里處。水頭高十米，隨坡跌落，飛沫濺珠，至為壯觀。為昔日「新昌八景」之一。李忱與希運曾觀此瀑聯詩：「（希運）千岩萬壑不辭勞，遠看方知出處高。（李忱）溪澗豈能留得住？終歸大海作波濤。」明代陶履中於崇禎六年（1633），在任瑞州知府時，作有《黃檗飛泉》：「當日雄山虎，偏奇小大宗。飛泉賡句罷，滄海已歸龍。」[154]宋代王應麟《黃檗泉》贊曰：「黃檗去無蹤，清流出澗中。湛性非塵溷，聞根與暗通。乍疑飛凍雨，還覓透寒風。曹溪留一滴，清味此應同。」[155]

（六）佛智禪師塔

在運祖塔與皇叔之間的山丘上。塔身遍飾甌釘，塔蓋鐫五龍

---

154 （明）陶履：《黃檗飛泉》，原載康熙《新昌縣誌》卷六，轉引自《宜豐縣誌》，上海：中國大百科全書出版社上海分社，1989，第713頁。

155 民國《鹽乘縣誌》，《山川》，臺北：成文出版社有限公司，1975，第97頁。

頭，有巨大石亭覆蓋全塔。塔亭六石柱，高三米。柱間障以華版。亭門雕飾華麗，石樑宏巨，斗拱承托亭蓋，蓋頂有剎。亭柱上刻有「主持佛智禪師壽塔。宣和二年庚子歲重陽日紫小師曇智等建」字樣。

（七）亦葦岸禪師塔

在黃檗村雙林峰上，建於清康熙二十五年（1686），俗稱「大鐘蓋小鐘塔」、「塔中塔」。外塔以弧形石壘成一大鐘狀。塔屋高四點三米，底徑四點五米。正南有塔門。塔剎三層：座、相輪、寶珠。內塔高二點四七米，寬一點二米。其形也似鐘。剎為覆缽、仰蓮、寶珠三層相疊。正面刻「亦葦岸禪師塔」。內外塔之間，可容數十人。亦葦岸乃明末重興黃檗禪林的第二代祖師。

（八）永庵主無縫塔亭

塔為獨石雕琢，塔亭為石料建築，六柱六角形，柱上刻有楹聯：「禪安無縫塔，定入蕊珠宮」。墓塔之主是宋時黃檗山積翠庵女尼永庵主，其名入《五燈會元》。

第八節 ▶ 《叢林清規》發祥地——奉新百丈山

一、地理概況

百丈山坐落在有「仙源靈境」之稱的江西省奉新縣西北端西塔鄉境，距縣城馮川鎮一四〇里，是潦河的發源地。百丈山屬贛

西北九嶺山的分支及其餘脈之南支，面積四十餘里，最高峰大雄峰，海拔九七八米。

百丈山屬皺褶斷塊山，主要由花崗岩和變質岩構成，山川鐘秀，風景如畫。大山週四十里，與修水接界，危巒秀嶂，前則平原坦夷，四山環拱；東有迦葉峰，南有靈境亭、駐蹕峰；北有野狐崖、鳳凰塢、筍石；西北有流觴曲水，唐宣宗嘗至此避暑，鑿石引泉為九曲，每曲置石墩為坐，石樑跨水以通往來。

百丈山地處亞熱帶濕潤氣候，常年呈亞熱帶季風氣候特徵，四季氣溫變化較大，降水豐富。這裡天然動植物資源豐富。森林覆蓋廣，樹種繁多，材質優良，除以杉木、闊葉樹、馬尾松為主外，還有樟、楠、梓、柏、黃檀、水杉、紅豆杉等八十餘鐘珍貴木材。山中棲息著虎、豹、白鶴、錦雞等珍貴動物，中華獼猴桃野生資源豐富。

二、歷史文化

（一）山名由來

百丈山，又稱大雄山。《太平寰宇記》云：「此山雄傑蔥秀，不與群山鄰，故名大雄山」[156]。明《一統志》載，百丈山「在奉新縣西一百四十里，馮水倒出，飛下千尺，故號百丈。以其勢

---

156 （宋）樂史：《太平寰宇記》卷一百〇三，《江南西道四》，四庫全書本。

出群山，又名大雄山」¹⁵⁷。即雄起群山之中，危岩高聳，怪石
嵯峨，高峻挺拔，林木蓊蘢，霧繞雲飛，故名大雄；又因山中有
飛流直下千尺，世有百丈山之別名。

（二）宗教文化

　　百丈山以百丈寺名聞天下。百丈寺坐落於百丈山南麓。據同
治版《江西通志》、《奉新縣誌》等記載，唐大歷年間（766-
778），鄉紳甘貞施山肇基立寺，名曰鄉道庵。唐興元元年（784）
甘貞延請懷海禪師到百丈鄉道庵主持。鄉道庵改名百丈寺。釋懷
海主席百丈寺，力弘師承釋道一所開創的洪州宗風，以「今日所
依之命，饑不得食則死，寒不得衣則死，被四大把定」為原則，
告誡學人認真禪修，以「作自由人」「作無求人」。釋懷海率眾
於禪修同時，力事農耕，名曰「普請」。與此同時，釋懷海「凡
作物執勞，必先於眾」，並有「一日不作，一日不食」之佳話傳
世。駐錫百丈寺期間，釋懷海繼師釋道一之願，擴興叢林，別立
禪居，唯建法堂。對於叢林僧眾行止舉動，以規約之。到晚年，
釋懷海制訂「禪門清規」（又稱「百丈清規」）以整飭禪門、約
束僧眾。「禪門清規」一出，不久即傳揚天下。釋懷海主法百丈
寺，率眾刻苦禪修，座下弟子甚多，釋希運、釋靈祐皆就學門
下。唐元和九年（814），釋懷海圓寂百丈寺中，塔葬西寺西。¹⁵⁸

---

157 （明）李賢等：《明一統志》卷四十九，四庫全書本。

158 關於百丈懷海禪師生卒年，可參考林悟殊：《唐百丈禪師懷海生年

長慶元年（821），穆宗李恒諡大智禪師之號，塔曰大寶勝輪塔院。[159]

百丈禪師（749-814），俗姓王，福州長樂人，遠祖避亂移閩，早歲依西山之慧照落髮，受具於衡山之法朝。及道一樹法幢於江西，乃傾心從學。既得法印，棲止於雲松之間，以蘊其德光。初居石門，學徒日壑至。後檀越請住新吳界（今奉新縣）大雄山（即今百丈山），水清山靈，兀立千尺許，故有百丈之名。憲宗元和九年（814）逝世，壽六十六。《宋高僧傳》等諸錄皆作九十五，然據《敕修百丈清規》卷八所收陳詡碑，報齡六十六、僧臘四十七云。[160]

百丈懷海禪師晚年在百丈寺創訂了「禪門規式」——「百丈清規」（又稱「天下清規」）。「百丈清規」制訂的詳確時間現已不可考，據宋釋道原編《景德傳燈錄》記載，當在唐貞元五年（789）至唐元和九年（814）之間，「百丈清規」內容和卷數今亦不可考。《景德傳燈錄》卷六中有敘其大略：

> 百丈大智禪師以禪宗肇自少室，至曹溪以來多居律寺。雖別院，然於說法主持，未合規度，故常爾介懷，乃曰：祖

考》，中山大學學報（社會科學版），2002 年第 5 期，第 54-59 頁。

159 謝軍、史志總纂：《江西省宗教志》，北京：方志出版社，2003，第60-62 頁。

160 [日]忽滑谷快天撰，朱謙之譯：《中國禪學思想史》，上海：上海古籍出版社，2002，第 168 頁。

之道欲誕布化元，冀來際不泯者，豈當與諸部阿笈摩教為隨
行邪！或曰《瑜伽論》《瓔珞論》是大乘戒律，胡不依隨哉？
師曰：吾所宗非局大小乘，非異大小乘，當博約折中，設於
制範，務其宜也。於是創意，另立禪居。凡具道眼有可尊之
德者，好曰長老，如西域道高臘長呼須菩提等之謂也。既為
化主，即處於方丈，同淨名之室，非私寢之室也。不立佛
殿，唯樹法堂者，表佛祖親囑受，當代為尊也。所裒學眾，
無多少，無高下，盡入僧堂中，依夏次安排；設長連床，施
椸架，掛搭道具；臥必斜枕床唇，右脅吉祥睡者，以其坐禪
既久，略偃息而已，具四威儀也。除入室請益，任學者勤
怠，或上或下，不拘常准；其闔院大眾，朝參夕聚；長老上
堂升堂，主事徒眾雁立側聆，賓主問酬、激揚宗要者，示依
法而住也。齋粥隨宜，二時均遍者，務於節儉，表法、食雙
運也。行普請法，上下均力也。置十務謂之寮舍，每用首領
一人，管多人管事，令各司其局也。或有假號竊行混於清
眾，並別致喧撓之事，即堂維那檢舉，抽下本位掛搭，擯令
出院者，貴安清眾也；或彼有所犯，即以柱杖杖之，集眾燒
衣缽道具遣逐，從偏門而出者，示恥辱也。**161**

「百丈清規」面世之後，很得僧俗兩界重視。宋代翰林學士

---

161 （宋）釋道源：《景德傳燈錄》卷六，《續修四庫全書》第 1282 冊，
上海商務印書館影印本，第 439-440 頁。

開國侯楊億在《序》中稱「詳此一條制，有四益。一不汙清眾生恭信故，二不毀僧形循佛制故，三不擾公門省獄故，四不泄於外護宗綱故」。正是這樣，「百丈清規」制訂後，很快風行江西，廣及全國。從唐至宋而元，多有增刪，諸本雜出。

到元元統三年（1335）有《敕修百丈清規》（8卷）面世。《敕修百丈清規》略稱《百丈清規》，也稱《清規》。由百丈山大智壽聖禪寺主持釋德輝奉敕重編，大龍翔集寺主持釋大訢校正，收入《大正藏》第四十八卷。釋德輝，字東陽，臨濟宗楊岐派釋晦機元熙弟子，元天曆二年（1391），嗣住江西龍興路百丈山（今江西奉新縣境）大智壽聖禪寺。至元元統三年（1335），奉敕重編《百丈清規》八卷。今有明正統七年（1442）刻本傳世。

《敕修百丈清規》收集自唐元和年間（806-820）釋百丈懷海制訂《百丈禪門清規》（即「百丈清規」）以來，至元元統三年（1335）時止的歷次修改，重編之叢林清規。此《敕修百丈清規》釋根據當時叢林盛行的《崇寧清規》、《咸淳清規》和《至大清規》，會秤參平，折衷得失，刪繁、補缺、正訛而加以重新編輯而成。初本書公分全九章，即祝釐、報恩、報本、尊祖、住持、兩序、大眾、節臘、法器章，前五章為上卷，後四章為下卷。今本改為八卷。全書對禪寺的僧職設置、管理制度、日常行事、禮儀規範、佛事活動、來往參學和節齋典儀，以及佛事活動中後用牘狀牌示、疏文口詞等名用應用文字都加以規定。每章之首有無標題小序，敘說本章義旨，卷文中有夾行小注，多佛事活動中回糜、白眾、陣事、回向、念誦、祝香、進拜、布具展禮、答謝、頌贊等時用語，以及若干禮儀規範的細節，作了補充性的說明。

一些章的末尾附有作者的案識，對敘及的人和事加以闡述與評
述。

「百丈清規」的制訂與流行，既得天下叢林歡迎，也得到朝
廷的重視。元至元二年（1337），帝師公哥兒監藏班藏卜曾下法
旨，「這《清規》是百丈大智覺照禪師（即釋懷海）五百年前立
來的，如今上位加與『弘宗妙行』師號；更為各寺裡近年將那
《清規》增減不一，教百丈山德輝長老重新編了，教龍翔寺笑隱
長老校正歸一，定體行的，執把聖旨與了也。皇帝為教門的上
頭，教依著這校正歸一的《清規》體例定體行。者麼道是要天下
眾和尚每得濟的一般。大眾和尚每體皇帝聖心，興隆三寶，好生
遵守《清規》，修行辦道。」[162]到明代，對「百丈清規」的重視
不減前朝，洪武十五年（1382），明太祖朱元璋下旨，「諸山僧
人不入《清規》者，以法繩之。」永樂十年（1412），成祖朱棣
頒旨「僧人務要遵依舊制，各務祖風，謹守《清規》，嚴潔身
心。」而後，隨著歷史的變遷，但作為佛門叢林規制之根本的
《百丈清規》一直得到重視，直至今天。[163]百丈清規是中國禪的
一面旗幟，也是中國禪歷久不衰的一個保障。

懷海禪師繼承了馬祖道一洪州禪所謂「作用即性」，即將人
的一切動作、行為乃至遭遇，都看作佛性的顯現。百丈的禪法主

---

162 （元）釋德輝：《敕修百丈清規》卷首，《續修四庫全書》第 1281
冊，上海商務印書館影印本，第 140 頁。

163 謝軍、史志總纂：《江西省宗教志》，北京：方志出版社，2003，第
109～111 頁。

要繼承和發展了前人「即心即佛」、「平常心是道」的思想。「即心即佛」思想是達摩以來各代禪師共有宗旨，主張眾生自心即佛，成佛就是了見自心，無須外求。到馬祖道一，其即心即佛思想強調在平常日用間體悟此心。[164]百丈繼承了這一思想。百丈的貢獻在於把「平常心是道」運用於更為寬廣的範圍，以禪門規式確立普請制度，使勞動場所成為參禪悟道之地。

百丈懷海主持百丈期間，以寺居深山，缺乏信眾供養。寺外又有荒山極廣，可以開墾。釋懷海即在寺中實行「普請」。據《景德傳燈錄》記載，某日，「普請钁地次。忽有一僧聞級鼓鳴，舉起钁頭大笑，便歸。」在勞動中不忘禪修，從中得悟禪旨。不但僧眾實行農禪，而且釋懷海自己帶頭實踐之。「師（釋懷海）凡作務執勞，必先於眾。眾皆不忍，早收其作具而息之。師云『吾無德，爭合眾於人』。師既遍求作具不獲，而亦忘食，故有一日不作，一日不食之言流播寰宇矣。」（《景德傳燈錄》）對此，後人稱曰「一日不作，一日不食」。

懷海晚年在百丈開創禪剎。從梁普通至唐元和，大約二百八十餘年間，禪匠多住律寺，未有獨立之禪寺，至懷海始別構禪宇。其意表佛祖親囑受，當代為尊。當時禪家以僧寶為本位，不以佛寶為本位者。以具眼之師為化主，使名長老而居方丈，參學

164 邱環：《百丈懷海及其禪法研究》，研究生論壇，2003，第 112～133頁。

著皆住僧堂。折衷大小乘之戒律設規制，使進退適宜[165]。

百丈懷海，在百丈弘洪州禪風，創設禪寺，設立法堂，創訂禪門規式——「百丈清規」，同時倡行農禪並重，對中國佛教禪宗的發展具有深遠影響。百丈懷海之後，座下弟子靈祐、希運創立禪宗五宗七家之溈仰宗、臨濟宗。其後，百丈歷代高僧不斷，香火相繼。

（三）名人文化

百丈山歷史悠久，最早在這裡留下足跡的是晉代吳猛。《太平寰宇記》曾載：「大雄山，山有吳猛修道處。此山雄傑蔥秀，不與群山鄰，因名之。」[166]吳猛是與許遜（許真君）一起征服孽龍的道教人物，已有二千多年的歷史了。此後，歷代均有帝王、顯宦、文人、高僧到此遊覽求法。唐宣宗即位前，曾潛遊至百丈遊覽求法，唐代大書法家柳公權、北宋理學家周敦頤、元朝大書法家趙孟頫、明代吏部尚書蔡國珍都曾到此，留下了不少詩篇。《豫章書》中記載，唐宣宗李忱在登基前，為避武宗之忌，曾有一段落難晦跡於叢林的時期。他不遠萬里，來到奉新百丈寺，參禪之餘，悠遊山水之間，曾賦一詩吟此地風光：「大雄真跡枕危巒，梵宇層樓聳萬般。日月每從肩上過，山河長在掌中看。仙峰

---

165 [日]忽滑谷快天撰，朱謙之譯：《中國禪學思想史》，上海：上海古籍出版社，2002，第 168 頁。

166 （宋）樂史：《太平寰宇記》卷一百〇六卷，《江南西道四》，四庫全書本。

不聞三春秀，靈境何時六月寒。更有上方人罕到，暮鐘朝磬碧雲端。」一位未來的「天子」，在此閑雲野鶴，暮鐘朝磬，觀山覽雲，參禪悟道，卻想著「山河長在掌中看」，透顯出強烈的龍廷之志。百丈寺後，留下一處石刻「真源」，據說就是他當年溯流而上在泉水源頭上所書的刻石。大中三年（847年）李忱登基，自然念念不忘落難求法之地，特敕修百丈寺，並賜題「大智壽聖禪寺」的匾額，故百丈寺又有「大寺」之稱。

三、風景名勝

（一）百丈寺

坐落於奉新縣西北端西塔鄉境百丈山南麓，距縣城馮川鎮八十餘公里。唐大歷年間（766-778），鄉紳甘貞施山肇基立寺，名曰鄉道寺。唐興元元年（784），甘貞等禮請釋懷海駐錫於此。入主以後，釋懷海力弘師承釋道一所開創的洪州宗風，以「今日所依之命，饑不得食則死，寒不得衣則死，被四大把定」為原則，告誡學人認真禪修，以「作自由人」「作無求人」。釋懷海率眾於禪修同時，力事農耕，名曰「普請」。與此同時，釋懷海「凡作物執勞，必先於眾」，並有「一日不作，一日不食」之佳話傳世。駐錫百丈寺期間，釋懷海繼師釋道一之願，擴興叢林，別立禪居，唯建法堂。對於叢林僧眾行止舉動，以規約之。到晚年，釋懷海制訂「禪門清規」（又稱「百丈清規」）以整飭禪門、約束僧眾。「禪門清規」一出，補救即傳揚天下。釋懷海主法百丈寺起見，率眾刻苦禪修，座下弟子甚多，釋希運、釋靈祐皆就

學門下。唐元和九年（814），釋懷海圓寂百丈寺中，塔葬西寺西。長慶元年（821），穆宗李恒諡大智禪師之號，塔曰大寶勝輪塔院。會昌年間（841-846），光王李忱為避武宗之忌，晦跡於百丈寺，留有「大雄真跡枕危巒，梵宇層樓聳萬般。日月每從肩上過，山河常在掌中看。仙峰不間三春秀，靈境何時六月寒。惟有上方人罕到，暮鐘朝磬碧雲端。」詩句。繼釋懷海之後，其師弟釋惟止主持百丈法席。再後，釋懷海之徒釋法正，號涅槃，執掌百丈法席。大中元年（847），宣宗李忱即位後，敕賜百丈寺以「大智壽聖禪寺」額。唐代柳公權、柳宗元等先後來寺遊覽。柳公權特地題書「百丈清規」四字，寺僧為之勒石刻碑，保存至今。唐代末年，有新羅（今韓國）僧明照安來華求學，於疏山寺（在今金溪縣）釋匡仁座下承曹洞法脈後，應請來百丈寺主持法席。

南唐時，百丈寺遷址改建於原址之西北，後毀。至宋元豐年間（1078-1085），寺僧募緣於原址重建殿堂。在宋一代，先後執掌百丈寺法席的有法眼宗二世釋道恒、雲門宗三世釋智寶與釋寶月、黃龍二世釋元肅、臨濟宗傳人慈明楚圓之法嗣釋惟政，以及釋惟古、釋淨悟等。期間，有釋惟勉見當時域內叢林，管理失調，糾葛時生，特地到百丈寺參學，搜集釋懷海的逸文殘碑，後輯成《叢林校定清規總要》，因時在咸淳年間（165-1274），故也稱《咸淳清規》，流布甚廣。

元代之初，有由釋晦機主持百丈寺法席。到元天慶二年（1329），釋德輝應請入住百丈寺丈席。晉院之後，即光大臨濟宗風，率眾勤事農禪，修復寺宇。次年，釋德輝主持重修法堂，

堂上設「天下師表閣」，以供釋懷海像。至天元元年（1335），釋德輝奉詔以宋釋宗賾《禪苑清規》和《叢林校定清規總要》為底本，重新輯纂校刊《百丈清規》八卷。完稿之後，由釋大訢校正。次年，朝廷下詔頒行，令天下叢林遵行。釋德輝主持百丈寺法席期間，有日僧圓月祖能、一清無夢先後來寺參學。

　　入明之後，洪武年間（1368-1398）百丈寺再度得到興盛，成為天下著名叢林之一。寺中香火很盛，附近禪寺林立，有「三寺五廟四十八庵」之說。明正統七年（1442），百丈寺住持釋忠智再次主持編輯《百丈清規》。到崇禎年間（1628-1643），曹洞宗雲門法系巨匠釋明雪主持百丈寺法席，高唱五位君臣之說，座下徒嗣甚眾。清順治年間（1644-1661），為霖道霈執掌百丈寺丈席，弘揚曹洞宗博山法系宗風，名聲遠播，十方衲子慕名而至者甚眾。康熙年間（1663-1772），南昌知府葉丹主持重修百丈寺殿堂，購置寺產，以安僧眾。雍正十二年（1774），住持釋智雲「奉敕發帑頒圖改建」寺宇殿堂，共耗資七千餘金，使整座寺院背山面田，占地面積達數百畝。殿堂七進，山門與大雄寶殿，宏偉寬敞，梵宇層樓，莊嚴肅穆。重塑佛、菩薩數百尊，端莊如法。同時修復寺後的凌雲亭、師表閣。寺中香火很為興盛。主僧多達千餘。咸豐六年（1856），百丈寺遭兵禍，佛像、僧房等被燒毀。咸豐十一年（1861），百丈寺再次遭兵燹，寺宇大多被毀，寺中供奉的所有經卷連同師表閣都被付諸一炬。清同治六年（1867），住持釋聖光率僧釋清德、釋石蘭等人化緣，重建殿堂，大雄寶殿居中，東側建地藏菩薩殿，西有觀世音菩薩閣。此後，百丈寺中香火不斷。到民國時期，百丈寺殿宇多因年久失修

而牆倒屋漏。

　　新中國成立後，五〇年代仍有二三僧人住守，繼延香火。「文化大革命」中，百丈寺慘遭破壞，僧人被遣散，釋懷海舍利塔遭砸，塔院被拆除，改良民房。上個世紀九〇年代百丈寺得以修復。現在百丈寺香火旺盛。

（二）「天下清規」石刻

　　鑴刻於百丈寺後大雄峰山腰一塊不規則的花崗石壁上。石壁邊高二米，最寬處三點七米，石色褐黑，石質堅硬，正東南一面猶如神工鬼斧切削成平面，「天下清規」四個大字，分兩行鑴刻於石壁的左下方，楷書，陰刻，柳體、直排，每字長〇點一六米，寬〇點一五米，字跡清晰完好。石壁右上角，鑴有豎列隸書「碧雲」二字。

　　同治版《奉新縣誌》載：「柳公權石刻，在百丈山西石壁。唐懷海禪師闡法山中，稱百丈祖師。柳公權為書『百丈清規』四大字。按《百丈志》及陳芹遊山記俱作『天下清規』今山北有巨石，刻『天下清規』四大字，旁小字模糊不可辨。或云此非舊刻，舊碑為兵燹所廢，今亦無考。」**167**

　　「天下清規」原有一木質匾刻，匾長二點五米，寬一米，楷字，陰刻，柳體，從右至左橫排，字的大小與石刻相似，此匾在

---

167 同治《奉新縣誌》，臺北：成文出版社有限公司，1989，第 520 頁。

「文化大革命」中燒毀。**168**

（三）百丈猿聲

　　「奉新十景」之一。百丈山林深竹茂，古時藏猿甚多，其中有一種青猿，日夜長嘯，空谷傳響，餘音嫋嫋。清道光《奉新縣誌・山川》及清乾隆《南昌府志・山川》「百丈山」條均云：「西山大智寺，相傳寺後常有青猿來聽經，罷則長嘯而去」。歷代名公巨卿曾為此景寫下不少詩篇。明奉新教諭李士奇詩曰：「雄峰崒嵂與天齊，中有玄猿日暮啼。澗底一聲青嶂曉，風前長嘯碧玉低。啾啾遠逐鯨音盡，嫋嫋還驚鵲樹棲。若過林端觀劍術，冷泉巫峽草淒淒。」明奉新訓導陰鎧詩曰：「百丈天高風滿林，歲時頻聽野猿吟。紫蘿露濕鐘初靜，紅樹月明秋正深。清嘯漫添騷客淚，哀聲不動老禪心。玉環獻罷歸山去，渺渺碧雲何處尋？」明代詩人余秉芳集句詩曰：「樓閣峥嶸面面開（虞謙），老僧說法石為台（虞謙）。天寒夜漱雲牙淨（陸龜蒙），風急山高猿嘯哀（杜甫）。煙徑月明瑤草歇（黃綰），玉笙聲轉鶴徘徊（元旭）。我來一覽湖山小（元旭），欲賦慚非宋玉才（溫庭筠）。」清代詩人胡汝器詩曰：「長廊寂寂掩緇帷，正是元猿獨嘯時。雲外曉隨鐘韻急，岩前聲並鶴聲悲。厭聞羈旅思歸切，慣聽山僧出定遲。亦有杜陵夔府興，孤城落日淚雙垂。」徐溥詩云：「千山萬

---

168 奉新縣地方誌編纂委員會：《奉新縣誌》，海口：南海出版公司出版，1991，第 592 頁。

山霜氣秋，一聲兩聲猿嘯幽。豈非抱子出林日，無奈斷腸生客
愁。午亭嬝嬝有時息，拂曙哀哀不暫休。想是賦詩辭老衲，玉
環歸去為君留。」清奉新舉人塗日章詩曰：「迦葉秋高爽籟清，
山賓何處斷腸聲。豈因孤蛻悲岩寂，多為鵑啼和月明。寒瀑流
殘三峽冷，疏鐘鏗徹一燈贏。驚回半覺嵩陽夢，愧爾勞勞此夜
情。」**169**

（四）靈境御題

靈境御題的主體建築靈境台（一作亭）在百丈山的百丈寺
旁。這裡山高百丈，馮川倒出，飛濺千尺，氣勢雄偉。唐宣宗雲
遊此地，曾題《百丈山》詩，詩曰：「大雄真跡枕危巒，梵宇層
樓聳萬般。日月每從肩上過，山河常在掌中看。仙峰不間三春
秀，靈境何時六月寒。惟有上方人罕到，暮鐘朝磬碧雲端。」**170**
宋代黃庭堅作《靈境御題》：「老夫高臥靈境台，拄杖夜撞青天
開。撒落星辰滿平野，山僧盡道佛燈來。」**171**況思文前題：「題
詩誰向雄峰表，帝子遐綜與世違。雲煙天章垂皂翰，蓬萊仙影落
岩扉。掌中已覺山河小，宇內空看朝訟歸。白髮殘僧懷古悵，斷
碑零落幾斜暉。」

---

169 奉新縣地方誌編纂委員會：《奉新縣誌》，南海出版公司出版，
1991，第 593 頁。

170 同治《奉新縣誌》，臺北：成文出版社有限公司，1989，第 125 頁。

171 （宋）黃庭堅：《靈境御題》，奉新縣地方誌編纂委員會：《奉新縣
誌》，南海出版公司出版，1991 年版，第 608 頁。

（五）野狐岩

位於百丈寺後。這裡正是發生禪宗史上最著名公案之一「野狐禪」的地方。《五燈會元》卷三《馬祖一禪師法嗣・百丈懷海禪師》云：

> 師每上堂，有一老人隨從聽法。一日眾退，唯老人不去。師問：汝是何人？老人曰：某非人也。於過去迦葉佛時，曾住此山。因學人問，大修行人還落因果也無？某對云，不落因果。遂五百生墮野狐生。今請和尚代一轉語，貴脫野狐身。師曰：汝問。老人曰：大修行人還落因果也無？師曰：不昧因果。老人於言下大悟，作禮曰：某已脫野狐身，住在山後。敢乞依亡僧津送。師令維那白椎告眾，食後送亡僧。大眾聚議，一眾皆安樂堂又無病人，何故如是。食後，師領眾至山後岩下，以杖挑出一死野狐，乃依法火葬。師至晚，上堂舉前因後緣。黃檗便問：古人錯只對一轉語，墮五百生野狐身。轉轉不錯，合作個甚麼？師曰：近前來，向汝道。檗近前，打師一掌。師拍手笑曰：將謂鬍鬚赤，更有赤鬍鬚。**172**

禪宗以公案機鋒往來的關鍵為「玄關」。人們參學中要破玄

172 《五燈會元》卷三，《馬祖一禪師法嗣・百丈懷海禪師》，四庫全書本。

關，就必須親證實悟；而以一語撥轉參學者的心機，使之破玄關，稱為「轉語」。此老者說錯一「轉語」，墮入五百年野狐身；而懷海大師一「轉語」則讓他衝破玄關，脫離野狐身轉世為人。因為，在佛教，世間一切皆受因果的支配，唯佛跳出了因果。僧眾習佛法的基礎也在因果，老者以為「大修行人」能「不落因果」，自然大錯特錯；而百丈禪師只說「不昧」二字，闡明了因果存在之必然性、普遍性，無論僧人與芸芸眾生皆不可「昧」。後來，佛門以不懂禪法者為「野狐禪」，而現今在社會上廣為流傳的「野狐禪」一詞則指對各種事理淺陋無知或一知半解者。五代時錢塘令羅隱曾遊野狐岩之野狐泉，題詩一首云：「潺潺寒光濺路塵，相傳妖物此潛身。又應改換皮毛後，何處人間做好人。」[173]此野狐話是公案，非史實。「見性之人，頓消除業障，不見性之人，因業累而墜生死」，成當時之定說。

（六）其他名勝

大雄峰，海拔九七八米，是百丈山的頂峰。峭壁聳峙，危崖突兀，怪石嵯峨，雄傑蔥秀，晨夕嵐光四溢，冬春霧繞雲飛，山澗泉瀑飛瀉，四時氣候涼寒。

筍石，在百丈山寺後，二石對峙尖秀如筍，故名[174]。

---

173 （唐）羅隱：《野狐泉》，載《御定全唐詩》卷六百六十一，四庫全書本。

174 同治《奉新縣誌》，臺北：成文出版社有限公司，1989，第 139 頁。

大義石，在百丈山。惟政令眾僧開田，為說大義，故名。相傳，師示寂時，有「石開一拳吾當再來」之說，後生紅柏一株，石因開焉[175]。

木人塚，在百丈山東南。相傳，大智禪師創寺，木人為之開田，後葬此。邵彥輝曾作《木人塚》詩：「昔有人兮字木仙，曉耕寒月晚耕煙。短犁因憶乘雲去，荒塚空遺在野田。」[176]

黃犬墳，在百丈寺西六十步。相傳，大智禪師說法，黃犬常來座前竊聽，犬死僧葬之。邵彥輝作《黃犬墳》，詩曰：「怪石磊磊黃犬墳，溪流松照月紛紛。逢僧訊爾當年事，曾向寒山吠白雲。」[177]

百丈山還有眾多勝跡，如仙人洞、仙人橋、七仙橋（一名七星橋）、千人井、瀑布泉、新塔、皇娘墓、駐蹕地、龍蟠石、釋迦峰、老僧看經石等，猶有跡可尋。

參考文獻

奉新縣地方誌編纂委員會：《奉新縣誌》，南海出版公司出版，1991。

---

175 同上。
176 內容同註 174，但頁數改為第 150 頁。
177 內容同註 174，但頁數改為第 151 頁。

第九節 ▶ 秀出東南的洞天福地——南城麻姑山

一、地理概述

麻姑山位於撫州南城縣縣城以西五里處的麻姑鄉，以仙女麻姑故事而得名。麻姑山方圓一〇〇餘公里，屬武夷山系軍峰山之餘脈，主峰王仙峰，海拔一〇六四點三米。地屬亞熱帶季風性濕潤氣候，氣候溫和，季風顯著，雨量充沛，四季分明。夏季風多偏南，冬季風多偏北，春秋兩季為交替期。年平均氣溫十五點七度，比縣城低二至三度，夏季氣溫最高在三十五度左右，是當地的避暑勝地。

麻姑山，山勢綿延起伏，千峰百岫，林木鬱鬱蔥蔥，形態各異。《麻姑山志》記載道：「麻姑，屹盱之鎮，岠郡之西，控引閩山，襟帶橫嶽，雖神房仙府，由藉沖舉之靈，而丹穴青岩，抑亦撫輿之孕。」[178]麻姑山上的地下水水質特別好，普遍含有硒等有利於人們健康的微量元素，最為出名的是神功泉水，又名「一勺之多」，這是由於東晉葛洪取一勺泉水煉丹而得名，其泉清爽甘冽，沁人心脾，真可謂「直待眾生總無垢，我方輕冷混常流」。[179]另外，飛禽走獸穿梭林間，物產資源深埋地下，例如有

---

178 （清）黃家駒編撰，曹國慶、胡長春校注：《麻姑山志》，南昌：江西人民出版社，1998，第 31 頁。

179 （清）黃家駒編撰，曹國慶、胡長春校注：《麻姑山志》，南昌：江西人民出版社，1998，第 63 頁。

硫鐵、黃銅、礦泉水等，《麻姑山志》記載道：「夫山者，產也。言產生萬物，莫備乎山。而建武諸山，姑嶠（指麻姑山）稱最。以故地氣殊異，發宣自奇。朱米作貢於先朝，神功流芬於郡邑。采瑤草之奇葩，而知丹井之異；把紫藤之異卉，而得龍門之奇。……其他珍禽聚谷，奇獸潛崖，所謂寶藏斯興，貨財斯殖，利用民生，莫可殫述者也。」**180**

二、歷史文化

（一）山名由來

麻姑山原名丹霞山，相傳麻姑仙女曾在此修道成仙，故改稱為麻姑山。同治《撫州府志》記載：「麻姑山在郡城南八十五裡，相傳長安戚文秀之女修煉於此，乘雲上升，亦呼為淩雲山。近地有仙井七，土人能識其處，天旱開之，禱雨輒應。上有仙壇觀，董氏講堂，下有洗目池。」**181**唐開元年間（713-741），因本山道士鄧紫陽奏立麻姑廟而得名，從而最終確立名為麻姑山。唐代顏真卿的《有唐撫州南城縣麻姑山仙壇記》也記載了麻姑山女在丹霞山隱居修道成仙代故事。

180 （清）黃家駒編撰，曹國慶、胡長春校注：《麻姑山志》，南昌：江西人民出版社，1998，第38頁。

181 同治《撫州府志》，臺北：成文出版社有限公司，1970，第80頁。

（二）發展歷程

　　《雲笈七籤》將麻姑山列為道教三十六小洞天之中的「第二十八洞天」，名曰「丹霞洞天」，是道教七十二福地之中的「第十福地」，道家嚮往洞天福地兼而有之。作為聞名天下的洞天福地，更是引得神仙方士到此修煉，歷代不絕。

　　漢昭帝時（前 86-74），有仙人浮邱公及弟子王、郭二仙在此煉丹修道；東晉時葛洪又來此山設爐煉丹，並整理闡述道教理論，將麻姑寫入《神仙傳》遺留後世。麻姑仙女因此成為民間崇拜的神之一。

　　唐代，麻姑山成為全國著名的道教聖地之一。開元年間（713-741），道士鄧紫陽修道於麻姑山，後來應玄宗詔入大同殿修功德，據唐代顏真卿的《有唐撫州南城縣麻姑山仙壇記》記載：「開元二十七年（739），忽見虎駕龍車，二人執節於庭中，顧謂其友竹猷曰：『此迎我也，可為吾奏，願欲歸葬本山』。仍請立廟於壇側。玄宗從之。」[182]不久，便興建麻姑廟，題號為仙都觀。仙都觀落成後，供奉麻姑神像。從此，香火鼎盛，朝拜者絡繹不絕。同時，作為鄧紫陽四大弟子的譚仙岩、黎瓊仙、宋元白、鄧德成也均成為著名道士，使得麻姑山顯赫一時，並成為東南道教名山。當時，麻姑山上有道觀十餘處，其中最主要的是仙都觀、丹霞觀、石崇觀、靈仙觀等。唐代書法家顏真卿（又稱顏

182　（清）黃家駒編撰，曹國慶、胡長春校注：《麻姑山志》，南昌：江西人民出版社，1998年版，第38頁。

魯公）在任撫州（州治在今江西撫州）刺史時，多次登游麻姑山仙壇。大曆六年（771）四月，顏氏揮筆寫下記述麻姑仙女和仙人王方平在麻姑山蔡經家裡相會的神話故事，及麻姑山道人鄧紫陽奏立麻姑廟經過的楷書字碑《有唐撫州南城縣麻姑山仙壇記》，簡稱《麻姑山仙壇記》，上文已有提及。本文九〇〇餘字，筆力剛健渾厚，開闊雄壯，佈局充實，大勢磅礡，被歷代書家譽之為「天下第一楷書」[183]。唐代著名詩人劉禹錫在《麻姑山》一詩中充分反映當時麻姑山的道教活動盛況：「曾遊仙跡見豐碑，除卻麻姑更有誰。雲蓋青山龍臥處，日臨丹洞鶴歸時。霜凝上界花開晚，月冷中天果熟遲。人到便須拋世事，稻田還擬種靈芝」。[184]

宋時，麻姑山仍為南方天師道的一個活動中心。北宋末年，神霄派創始人王文卿（南豐縣人）曾一度隱居麻姑山修煉。當時的地方官員便重修了仙都觀、三清殿、老君殿、玉皇殿等道教活動場所。宋開慶年間版《建昌軍志》記載，當時南城有道觀十四處。為了鞏固封建統治，當權者大力支持道教活動。元豐六年（1083），宋神宗特頒發《封麻姑敕》，封麻姑為「清真夫人」；元祐元年（1086），宋哲宗誥敕曰：「眷惟仙都之境，已啟清真之風，守臣建言欲加顯號，朕何惜徽名縟禮，不以慰一方父老子

183 江西省地方誌編纂委員會：《江西省志·江西省旅遊志》，北京：方志出版社，2002，第 45 頁。

184 江西省地方誌編纂委員會：《江西省志·江西省宗教志》，北京：方志出版社，2003，第 210-211 頁。

弟之心哉！歆我茂思，永錫靈佑，可封妙寂真人。」[185]於是封麻姑為「妙寂真人」；宣和六年（1124），宋徽宗誥敕曰：「欽承妙道，寅奉至真。邈瞻絕阜之靈，夙駐列仙之馭。眷蒙仁於孚佑，宜稱禮於褒隆。建昌軍麻姑山仙都觀妙寂真人，煉體九和，超功十級，常遊戲於變化，復應誠於感通。玉字赤文，揭華袞之榮麗；丹台瓊府，配德名之顯尊。尚期沖覽之臨，永茂珍祺之錫，可特封真跡沖應元君。」於是加封麻姑為「真寂沖應元君」；後宋甯宗加封麻姑為「真寂沖應仁佑元君」[186]；宋理宗又加封麻姑為「真寂沖應仁佑妙濟元君」。並規定每年七月七日，當地官員軍民等都要攜帶貢品進山朝拜麻姑，把麻姑山的名聲推上一個新高峰。

　　元代延祐初，請改該仙都觀為「萬壽宮」。元末，由於戰亂疊起，麻姑山所有宮觀全部毀於兵火。明代洪武初，詔示天下修復名山大川，麻姑山獲得重新修復的機會。提舉雷振遠、都建劉碧淵等發動民眾重修仙都觀。萬曆年間（1573-1620），郡守鄒雷鳴在前人的基礎上對麻姑山進一步進行修葺，麻姑山宮觀倍增，金碧輝煌。明末，則又因戰亂，毀為灰燼。

　　清初政局穩定，康熙年間（1662-1722），官府組織人力，多次對麻姑山景點進行修葺增建。清同治五年（1866）編纂《重刊

---

185 （清）黃家駒編撰，曹國慶、胡長春校注：《麻姑山志》，南昌：江西人民出版社，1998 年版，第 55 頁。

186 同上。

麻姑山志》記載說：「盛朝定鼎之後，海宇升平，漸次修葺，蔚為巨觀。」可是，到了清朝後期，由於時局動亂，又給麻姑山帶來新的災難。咸豐六年（1856）疊遭兵燹，宮觀勝跡，存者寥寥。民國時期，戰時頻繁，麻姑山道教場所受到嚴重破壞。中共十一屆三中全會後，落實黨的宗教政策，麻姑山得到全面的修復。

三、風景名勝

古往今來，麻姑山以其旖旎的風光，吸引了無數文人墨客、僧道賢達前來探尋。有留下「銅陵映碧澗，石磴瀉紅泉」名句的南朝著名詩人謝靈運，以及其遊覽麻源第三谷的著名詩篇《華子岡》；有撰寫《麻姑仙壇記》的大書法家顏真卿；以及先後到此山吟詩作賦，為名山添趣增輝的其他名人：劉禹錫、王安石、曾鞏、楊萬里、文天祥、李綱、李覯、湯顯祖、徐霞客、羅汝芳等等。

歷史上，麻姑山也是道家垂青之聖地。例如有東晉道教理論家、醫學家、煉丹術家葛洪及其徒弟來此掘井煉丹。到唐代時，麻姑山成為全國道教勝地之一。山中有寺觀、樓臺、亭榭多達七十餘座，名勝古跡，不勝枚舉。

清代文人黃鎮成的《游麻姑山》記載道：「絕巘寒聲淺，陰堂翠色交。揚書摩蘚石，炊黍拾煙梢。瀑落投龍洞，雲歸傍鶴

巢。未能招我隱，何用解人嘲。」[187]文人何文淵的《游從姑山》：
「岸闊人家遠，天高樹影微。龍藏通海井，雁落釣魚磯。石徑蒼
苔滑，春園紫蕨肥。欲知方外事，此處問禪機。」以及《游麻姑
山》：「山連廬阜遠，水接玉壺深。顏字碑猶在，詩僧墓可尋。
桃開千樹錦，松落半崖陰。台殿聞清響，仙人奏綺琴。」[188]都是
描述了麻姑山及其附屬山脈從姑山的絕妙景致。

（一）麻姑山仙都觀

麻姑山仙都觀，又稱為麻姑廟，簡稱「仙壇」。相傳麻姑女
在麻姑山煉道成仙，唐代時，道士鄧紫陽向玄宗奏立麻姑廟，並
獲恩准，得以修建。開元二十七年（739），麻姑廟落成，賜名
「仙都觀」，供奉麻姑女神像。天寶五年（746），玄宗覆命在麻
姑山「增修仙宇，塑立諸像，顯耀祠宇」，使麻姑廟名聲大噪。
尤其是唐代大曆六年（771），著名大書法家顏真卿登遊麻姑山，
面對著仙都觀的「寒杉鳴古瑢，澗道瀉淙玉」之景，雅興大發，
於是撰書，寫下被後代書家譽為「天下第一楷書」的《麻姑仙壇
記》，此後，麻姑山聞名遐邇，香火鼎盛，朝拜者絡繹不絕。

宋代道教更加興盛，受到統治者的高度重視和大力支持。地
方官員重修仙都觀中的三清殿、老君殿、玉皇殿等道教活動場
所，朝廷從宋真宗到高宗，八代帝王對麻姑仙女及仙都觀都有誥

---

187 雍正《江西通志》卷一百五十三，四庫全書本。
188 同上。

封，其中「真宗賜御書百餘軸」「高宗賜御書發帖十軸」於仙都觀，神宗、哲宗、徽宗、寧宗和理宗先後封麻姑女為「清真夫人」、「妙寂真人」、「真寂沖應元君」、「真寂沖應仁佑元君」、「真寂沖應元佑妙濟元君」等，並規定農曆每年七月七日，當地官員軍民等都要攜帶貢品進山朝拜麻姑，使仙都觀發展到鼎盛時期。[189]

元代延祐初，詔改仙都觀為萬壽宮。元末，由於戰亂疊起，仙都觀毀於兵火。明代洪武初年，朱元璋詔示天下修復名山大川，並親自派專員到麻姑山，發動民眾重修仙都觀。明末，則又因戰亂，毀於灰燼。清代初年，政局相對穩定，曾多次修繕仙都觀，落成後規模宏大，蔚為壯觀。咸豐六年（1856）復遭兵燹，幾乎被毀。民國時期，戰事頻繁，仙都觀屢遭破壞。一九九二年，南城縣委縣政府籌集資金，仿照古建築群重修仙都觀。

（二）垂玉亭

又名半山亭，位於山腰，於明正德七年（1512）得以建成。其結構是方形建築，有石砌小徑穿亭而上，在亭內壁有字數行：「一九三二年八月二十三日，毛澤東率紅一方面軍一部由宜黃來南城經此休息並用午餐」。該亭已被列為革命舊址，供遊人瞻仰。亭外，群峰連綿，雲映其間，若有若無。近觀，峭壁之上，

---

189 江西省地方誌編纂委員會：《江西省志・江西省宗教志》，北京：方志出版社，2003，第230頁。

第三章・宗教文化名山

615

有泉飛瀉，輕若薄紗，落於岩罅；遠望，山谷之中，雙江（盱江、黎水）分流，阡陌縱橫，綿延無限。《麻姑仙壇六詠》之一的《半山亭》記載道：「危亭一以眺，已自出人間。白虹掛崖隈，秋聲落潺湲。踞石有深興，夕陽猶在山。」[190]這可謂人間勝跡。

（三）玉練雙飛

　　從半山亭登山二里許，便來到被譽為麻姑山奇觀的雙瀑前。可見兩條瀑布從三十多米高的懸崖上飛流直下，像兩條白練從天而降，狀似珍珠，灑落萬斑；聲若滾雷，響徹雲際。在瀑布的右上方，有四個大字映入眼簾：「玉練雙飛」，為明朝建昌府道判華仁夫手書。同治版縣誌載：雙瀑有雌雄之分，右瀑為雄，左瀑為雌。「雄者，俯溜垂垂而差小」。兩條瀑布，變幻隨時，「春漲則飄忽洴澒，摧山搖嶽；夏暑則風鼓涼飆，寒崖凜栗；秋淨則清淺明媚，河漢雙流；冬凝則鐵臂千尋，玉龍突兀。」古人曾把麻姑雙瀑與廬山瀑布相比較，評曰：「廬山瀑布自千仞直下，信天下偉觀，然止一耳；此雖巨崖僅十數丈而二，亦甚奇也！」瀑布下面有一深潭，潭中有一岩石露出水面約半丈見方。人立岩上，寒氣砭骨。宋代陳蕭在《瀑布泉》一詩中贊道：「山高激迅湍，清振林下響。飛雪濺千岩，白虹垂萬丈。來此坐移時，森然毛髮

190　（清）黃家駒編撰，曹國慶、胡長春校注：《麻姑山志》，南昌：江西人民出版社，1998 年版，第 182 頁

爽。」[191]過去，在泉旁有一涼亭，稱噴雪亭。其上百餘尺處又有一亭，稱觀瀑亭。兩亭均圮。一九八五年，依舊址重建觀瀑亭。

（四）龍門勝跡

從雙瀑沿小路而上數百步，但見一拱橋翼然架於石澗之上，即為龍門橋，又名三峽橋。橋上有亭。倚欄觀之，有溪水流經橋底，湧向絕壁，墜入十幾米深的石罅，水石相撞，叮噹之聲不絕於耳。瀑底為一潭，其水深不可測。傳說潭中潛伏著一條蛟龍，常蟠踞在一塊巨石上，朝拜天上星斗，故名龍湫。那塊巨石，即稱禮鬥石。又傳，某年大旱，為祈雨，鄧紫陽真人將唐玄宗賜給麻姑鎮山之寶一對金龍投入潭中，故又名金龍潭。橋之下，潭之上，懸瀑之內，相傳有一石洞，稱水簾洞，可容數十人。

橋亭的進出石門上嵌有石刻對聯，入門楣額為「龍門勝跡」四字。亭側，有一棵古松，蒼勁挺拔，橫枝偃蓋，稱迎賓松。橋下兩側有兩泉。裡為半月泉，以泉口有半月形的儲水石池而名。外為神功泉，泉水從岩縫中滲出，注入一個形狀像臼的石盂，再順一道缺口涓涓流入溪中。盂內一池清泉，大不盈尺，深不盈寸。泉上嵌有「一勺之多」的石額，為明代御史邵梅墩所書。此泉水質優良，據《麻姑山志》載：「其泉清香甘冽，釀酒尤佳。相傳，泉出時如酒，色微紅、飲之醉人，疑為諸仙丹液。後農人

---

191 （清）黃家駒編撰，曹國慶、胡長春校注：《麻姑山志》，南昌：江西人民出版社，1998 年版，第 173 頁

以穢器取之，色變味淡，不若先年，然比他水猶為絕勝也」。[192]該泉經相關專家、教授化驗，確認水中含有對人體有益的硒、鋅、鎂等多種微量元素，其中硒有抗癌變、防衰老的功效，現已開發利用。

（五）小有洞天

此處是麻姑山的中心，名勝古跡大都集中在這裡。著名的有顏魯公碑、鄧紫陽墓、葛洪煉丹井、三忠祠、李覯讀書林、唐大夫松等。唐宋時，山中香火鼎盛，香客不絕。以仙都觀為中心，有寺廟觀庵數十處，觀宇相接，連成一片，頗為壯觀。其後，幾經兵燹、火災、今僅存碧濤庵、麻姑廟。[193]鄧紫陽墓位於仙都觀正殿左側山上。《麻姑山志》記載：「開元二十七年紫陽羽化去，玄宗遣中使二人送還本鄉。以次年葬於本山頂。甲子改葬，棺中惟玉簡、香爐而已。石槨猶存。」[194]三忠祠，在正殿左、紫陽墓前，是為祭祀顏真卿、李綱、文天祥三位先賢而立。古祠早已傾廢。葛仙丹井，在三忠祠前。相傳東晉葛洪曾汲此井水煉丹。仙都觀四周群山環抱，五老峰拱峙於前，齊雲峰屏障於後，

---

192 （清）黃家駒編撰，曹國慶、胡長春校注：《麻姑山志》，南昌：江西人民出版社，1998，第 35 頁。

193 南城縣誌編纂委員會：《南城縣誌》，北京：新華出版社，1991，第 356 頁。

194 （清）黃家駒編撰，曹國慶、胡長春校注：《麻姑山志》，南昌：江西人民出版社，1998，第 52 頁。

均十分秀麗。古人題詩贊道：「姑山自昔稱名山，山中風景非人間。」宋丞相李綱在《游麻姑山》一詩中贊道：「野花芳草真成夢，老鶴喬松不記年。誰謂瑤台無路到？月明風露正娟娟」。[195]

（六）丹霞福地

由仙都觀往西五公里處，即為丹霞山，山中有一觀，稱為丹霞觀。觀內有鐵鑄的浮丘，王、郭三位真君神像。據《麻姑山志》載：浮丘公名無考，漢昭帝時煉丹於此，遺下丹井及飛升台。王、郭二人亦無可考證，但知均是浮丘公弟子，在此得道成仙。觀建於宋，圮於清。丹霞觀後山下有一洞，稱風洞，亦稱丹霞洞。相傳麻姑曾在此棲息修煉。有風出自洞內，出口處草木不生，遊人雖盛夏酷暑至此，也感到寒風凜冽，為麻姑山奇觀之一。宋朝李覯有詩：「山西十數里，乃是丹霞洞，直上窮雲霓，中寬入罌甕，紅塵生不識，明月手可捧，人家千里庭，泉源六月凍。」[196]今丹霞山辟有數百畝茶園，遍山蔥綠，風景勝昔。

（七）麻源三谷

在建昌鎮以西五公里處。緣麻港而上，經銅陵圳村，入靈谷山口。據《麻姑山志》記載：「姑山南澗為第一谷，深邃幽閴，

---

195 （清）黃家駒編撰，曹國慶、胡長春校注：《麻姑山志》，南昌：江西人民出版社，1998，第249頁。

196 南城縣誌編纂委員會：《南城縣誌》，北京：新華出版社，1991，第357頁。

周回數里。姑山北澗為第二谷，多奇花異卉。麻源之極北為第三谷，薪芻樵牧之所。」[197]其中，有古人題字的古跡，比如有明代羅汝芳題「石寶雲第」四個大字；麻嶺西側的雲門，其北側石山上鐫有「雲門」二字，出自明邑人左贊之手。出雲門為麻源三谷的谷口。由此而入，岩愈奇，石愈怪，水愈秀。從麻嶺至雲門一帶，滿山遍谷，巨岩見巧，片石聳秀，不削而成，不雕而奇。有有許多旅遊景觀：獅子石、龜石、仙牛石、伏牛石、象石等等，千姿百態，難以盡述。

最值得一提的是雲門西南側有一石岡，名華子岡。相傳秦代著名學者華子期曾隱居著書於此。岡下石壁上有羅汝芳隸書大字石刻。其文為南朝著名詩人謝靈運詠麻源三谷的詩，《入華子崗是麻源第三谷》：「南州實炎德，桂木淩寒山。銅陵映碧澗，石蹬瀉紅泉。既枉隱淪客，亦棲肥遁賢。險徑無測度，天路非術阡。遂登群峰首，邈若升雲煙。羽人絕仿佛，丹丘徒空筌。圖牒復磨滅，碑版誰聞傳？莫辨百代後，安知千載前？且申獨往意，乘月弄潺湲。恒充俄頃用，豈為古今然！」，[198]字體雄渾有力，堪稱一絕。入雲門西北行有山一座，稱銅陵。此處山坡有茂林修竹，丹岩映溪，即為謝靈運題詠之處。

麻源三谷是麻姑山最大的山谷。谷內有良田上百頃，並盛產

---

197 （清）黃家駒編撰，曹國慶、胡長春校注：《麻姑山志》，南昌：江西人民出版社，1998，第 33 頁。

198 《秀出東南麻姑山》，選自《天下遊蹤》，第 44 頁。

「銀珠米」，又稱為「冷水白」，粒大色白，味道似粳亦似糯，歷代作為朝廷貢米，並以此聞名。

（八）從姑山

從姑山以麻姑山從山而得名。位於縣城東南兩公里處的天井源鄉境內，與麻姑山遙遙相對。《麻姑山志》記載：「從姑山在郡東南五里，魁然圓頂，若人踞而坐。登山緣石蹬數百級，有雙石峙如門，名鐵關。又上數十級，為靈峰寺……左有小岩，名觀音山，泉聲淙然。懸岩下為井，名玉井。又左有石洞，杳而深黑，名玉洞，一名伏龍洞……」[199]由此看見，從姑山雖是麻姑山的從山，但其景致亦很繁多，數不勝數。

從姑山分為南北兩峰：北峰直插雲霄，如撐天一柱，稱天柱峰；南峰如神鰲欲翔，名飛鰲峰。兩峰相近僅有數尺，形成一窄長峻峭的石罅。由罅底窺天，天如一線，故名「一線天」。詩人程世俊的《游從姑》寫到：「峭壁雙峰峙，中開一線幽。危橋躡息上，暗竇側身遊。月透波光現，燈圍春氣浮。此行真不負，山美已全收。」[200]兩峰絕壁上架有石拱小橋，名「步天橋」。飛鰲峰東面的絕壁上，鐫有明代著名學者羅汝芳所書的三個大字：「飛鰲峰」，筆勢遒勁飛逸，若有神功。其下，近崖根處，有「悟

199 （清）黃家駒編撰，曹國慶、胡長春校注：《麻姑山志》，南昌：江西人民出版社，1998，第402頁。

200 （清）黃家駒編撰，曹國慶、胡長春校注：《麻姑山志》，南昌：江西人民出版社，1998，第416頁。

空」兩個小字，又稍北，有「洗心池」三個字。古時此處有一小
池，水波蕩漾，今僅存遺跡。再稍北，天柱峰距崖根數米處，有
兩個石洞。一叫油洞，一叫米洞。關於此處有一傳說講到：以前
洞中能出油、米，後因一貪心和尚將洞鑿大，油米就沒有了。兩
峰東南的石刻還有「天下奇觀」、「壁立萬仞」、「玉立」等字，
因年久風雨侵剝，難以辨識。古人曾云：「麻姑山以瀑奇，從姑
山以石怪。」山上怪石嶙峋，有棋盤石、步蟾石、涵虛洞、躡雲
岩、獅子岩等，或若垂蓮含苞，或若飛鴻展翅，或若蟾蜍欲躍。

據史籍載：明嘉靖二十四年（1545 年），羅汝芳到此山結廬
讀書，並創立從姑山房，授徒講學。著名戲劇家湯顯祖曾就讀於
此，從姑山以此名揚遐邇。

（九）石碑石刻

麻姑仙壇記石碑，碑文全稱為《有唐撫州南城縣麻姑山仙壇
記》。唐書法家顏真卿任撫州刺史時，於大曆六年游麻姑山，以
小楷撰寫此文（共 887 頁）鑴刻於石。此碑立於麻姑仙壇側，人
稱「魯公碑」。字體豁達端莊，雍容大方，遒勁豪宕，舒展開
闊，疏密適當，後遭雷擊毀失。**201**

明代初年，建昌知府梁伯達或拓本重刻於石，亦屬罕見傳
本。萬曆十三年（1585 年），知府季鷹自稱在羅汝芳處見舊本鑴

---

201 南城縣誌編纂委員會：《南城縣誌》卷 29，《文物勝跡》，北京：新華
出版社，1991，第 361 頁。

石，即翻刻於碑傳世。因年代久遠，亦已失傳。

乾隆十九年（1754 年），知府黃肇龍訪得拓本，即命匠工重刻於石，嵌於仙都觀殿上。碑寬二尺，豎尺餘。一九六七年破「四舊」時毀。

鰲峰摩崖石刻群從姑山的天柱峰、飛鰲峰上，摩崖石刻多達四十餘處。至今，「飛鰲峰」、「洗心池」、「滴翠崖」、「玉立」、「高山仰止」、「振衣千仞」、「蓬萊仙境」等石刻，仍歷歷在目。其中以「飛鰲峰」三字最為醒目。該字為明代學者羅汝芳題寫，勒於飛鰲峰數丈高的絕壁處，每字有兩米見方，為明代摩崖石刻之珍品。

第十節 ▶ 佛道共榮的仙靈勝境——鉛山葛仙山

一、地理環境

（一）區位環境

葛仙山位於鉛山縣中部偏南，是武夷山脈主峰黃崗山南北走向支脈上的一座主要山峰。葛仙山東臨福建武夷山市，西接陳坊鄉、弋陽縣，南毗天柱山、篁碧鄉，背靠楊林、港東鄉，並與其境內諸峰相連。「諸峰群山環抱，諸嶺綿延；九脈匯聚，飛瀑流

泉；煙雨青嵐，雲海變幻；林木翁鬱，翠黛無際；……」[202]這可謂是山水相依，人間仙境。

（二）山水概觀

葛仙山，是九脈匯聚之巔，其主峰海拔一〇九六點三米，方圓面積十一平方公里，該山坐南朝北，綿延不斷，其主峰突兀，群山環繞，峰巒疊嶂。葛仙山獨特的地貌形態狀如斗柄，形似巨帚，又若巨鰲，地質學上稱其為「帚狀構造」。元代進士陳衡《葛仙祠記》曾寫道：「茲山之勝，巨鰲聳體，與乾象為鄰。霖雨交集，渾然太極。兩間陽明，一目千里……」。

葛仙山山勢南高北低，其山麓之間有溪水，古稱葛水，其發源於香爐峰，與紫溪水匯合後，向北注於桐木江。在葛仙山龍鬚谷（溝）還發現有地下水資源，經地質勘探後，發現葛仙山麓還存在日流量達五十噸的優質地下水資源。經採樣化驗結果表明，水中含有鉀、鈉、鈣、鎂、鍶等多種元素，偏矽酸含量二十五至三十二毫克／升，其水質基本達到天然礦泉水標準，可以供遊人引用。

葛仙山峰巒環簇，林木蔥鬱，風光綺麗，雲海茫茫，氣候宜人。《葛仙山志》記載：「林木翁鬱，翠黛無際，挹四季風光之秀；煙雨青嵐，山色空蒙，融詩情畫意之境」。[203]明按察使趙梧

---

202 袁志鴻：《登山忘俗 臨水懷古──三等葛仙山有感》，《中國道教》，2004 年第 4 期。

203 鉛山縣委統一戰線工作部等：《葛仙山志》，北京：宗教文化出版社，2006，第 2 頁。

在《飛升台記》中贊曰：「與池之九華、歙之黃山、括之仙都、溫之雁蕩、夔之巫峽皆同，為天下所珍重者。」[204]

（三）氣候物產

葛仙山屬中亞熱帶溫濕東南季風區，氣候溫和，雨量充沛，日照充足。其海拔較高，因而氣候呈現特殊性：夏短冬長，春遲秋早。全年一月份最冷，氣溫為三點三度，常形成霧凇、冰掛景觀。七月份最高氣溫為二十四點四度。全年平均氣溫為十三點七度。

葛仙山林相豐茂，鬱鬱蔥蔥，生物繁雜：主要林木，有分佈在葛仙山四州之峽谷深壑中山地針闊葉混交林，有分佈於山東、南部谷中常綠落葉、針闊葉混交林，有分佈於低山谷中照葉林；山間花卉主要有杜鵑花、山茶花、玉蘭、山桂、金盞花等等；中草藥材在葛仙山中較為豐富，主要有千里光、松附子、楓樹籽、南山楂、蘇子、蘇梗、淡竹葉、金錢草、車前草、金銀花、土茵陳等等；動物，鳥類主要有鴞（俗稱貓頭鷹）、大山雀、黃鸝、翠鳥、候燕、烏鴉、喜鵲等，獸類主要有野豬、山兔、山鼠、黃鼠狼，爬行類主要有蛇、草蜥、壁虎、山黃鰍（俗稱變色龍），昆蟲類主要有松毛蟲、蚊、蠅、蟬、蚱蜢、黃蜂、蜘蛛等等。[205]

---

204 江西省地方誌編纂委員會：《江西省志・江西省宗教志》，北京：方志出版社，2003，第 208-209 頁。

205 鉛山縣委統一戰線工作部等：《葛仙山志》，北京：宗教文化出版社，2006，第 16 頁。

此外，葛仙山作為武夷山的支脈，其礦產資源種類豐富，已探明的有銅、鉛、鋅、硫、金、銀、鐵、鈾、煤、石灰石、耐火黏土、影潤土、大理石等。

二、歷史文化

（一）山名由來

葛仙山，原名雲崗山，因「漢末赤烏間葛玄於此煉丹、飛升」，故易名葛仙山，又稱為葛山。葛仙山之所以聞名遐邇，成為中國道教靈寶派聖地，也正是由於漢末三國赤烏間江左著名道士、江南道教丹鼎派奠基人之一、道教靈寶教義開啟者，並被後人推為靈寶派始祖的葛玄，與晚年在此山中「收功丹鼎」、「治病濟民」。據《明統一志》記載：「葛仙山，在鉛山縣西七十里，吳葛玄修煉於此。上有煉丹台及龍井，井旁有試劍石。元胡汝為詩：白雲紅霧鎖仙扉，古木蟠空鸛鶴飛。丹室草湮翁子去，經床香紗道人歸。」[206]

（二）發展歷程

明萬曆年間版《鉛書》說：「鉛山邑小，而道集其大。」[207]而道教的活動中心卻在葛仙山。

---

206 （明）李賢等：《明統一志》卷五十一，四庫全書本。

207 江西省地方誌編纂委員會：《江西省志·江西省宗教志》，北京：方志出版社，2003，第 208-209 頁。

相傳當年葛玄遍遊括蒼、羅浮、靈台、閩鳳、閣皂等天下名山，後來，到達鉛山，但見其山川秀麗，認為是修道之福地。最終，選定山頂地勢平坦開闊、古木參天、泉水淙淙的雲崗山，於是結茅建室，隱居修道。修行中的葛玄不僅弘揚道法，收功丹鼎，而且為當地百姓治病，庇護眾生，深受當地人們的敬畏。到三國赤烏七年（244）坐化於此地，享年八十一歲。當地百姓為感其恩德而建廟供奉，並將雲崗山改名為葛仙山，並建立葛仙廟，以表示對葛玄的紀念之情，至今仍存有葛仙足跡和拭劍石等遺跡。據《鉛山縣誌》記載：「葛仙山，縣西七十里，歸然鉛之望山，其高三十有六崒二十里。漢仙人葛玄築有仙壇，香爐、水缸皆鐵冶，有仙井、龍池、上馬石、下馬石、息心石、試劍石，字畫精妙，有飛升台懸峰淩虛，有鶴跡鹿蹄。」**208**由此可見，作為靈寶派始祖的葛玄，在宣揚道教方面，完成了開山之作。

北宋時，葛仙廟發展為葛仙祠。葛仙祠始建於北宋元祐七年（1092），南宋紹興（1131-1161）和淳熙（1174-1188）年間兩次重修擴建。其由葛仙殿、老君殿、三官殿、靈官殿、地母殿、送子觀音殿、玉皇樓等建築組成。「葛仙祠東南的爺殿、西北的娘殿分別奉祀葛玄父、母」。**209**葛仙廟依山而建，由下至上，層層相進，規模宏大，氣勢非凡。元至正中期（約 1354）又重構更

---

208 同治《鉛山縣誌》，南京：江蘇古籍出版社，1996，第 177 頁。

209 江西省地方誌編纂委員會：《江西省志・江西省宗教志》，北京：方志出版社，2002，第 41 頁。

新。明朝時，葛仙山山頂道觀佛寺相銜，名勝古跡薈萃，明代趙梧贊曰：與九華山、黃山、仙都、雁蕩、巫峽諸山同為天下所珍重。[210]元代嚴士貞題詩贊曰：「連峰千仞插雲間，真馭飄然迥莫攀。丹井空存泉脈脈，靈壇惟見蘚斑斑。驚人仙鼠常跳躑，采藥仙童自往還。我欲捫蘿登絕頂，淩風長嘯扣玄關。」[211]清嘉慶二年（1979）、一九三一年和一九三九年三次毀於火，三次重修，現今的殿宇是在一九三九年失火後歷十年始竣工恢復原貌。

當地（包括臨近市縣）信奉、崇拜葛仙翁的善男信女們，每年都去葛仙山朝拜進香，有事的許願還願；無事的祈福保平安，年復一年，從而形成當地的一種風俗。在進山朝聖之時，信眾往往自發組織，聚集數百上千人，浩浩蕩蕩上山進香，從而形成廟會。這種廟會起於何時，眾說不一，但是當地信眾約定俗成每年陰曆六月初一日開山門，十月初一日「關山門」，為期四個月。在廟會期間，葛仙山熱鬧非凡，不僅來自四面八方的香遊人川流不息，而且還有許多個民間小戲班。香客遊人除了敬香、求願、還願外，晚上則在大殿看《五女拜 》《郭子儀上壽》等折子戲，形成一種特有的道德文化現象，直至今日。

由於葛玄信仰的深遠影響，加上葛仙山的秀麗風光，千百年來文人墨客，僧釋佛道，絡繹不絕，並留下大量的詩文。宋時翰

210 寧明倫：《千年道教聖地——鉛山葛仙山》，《江西社會科學》，1997年第 9 期。

211 （元）嚴士貞：《葛仙山》，載《石倉歷代詩選》卷 278，四庫全書本。

林熊元復登上葛仙山後寫道：「秋風吹我衣，秋雨洗我心，乘風直上葛仙頂，仙家樓臺煙霞深。」明時宰相費宏（上饒人）的樂府詩《賦葛仙山重九》中描寫葛仙山：「青眼高歌望四山，群山萬疊相稽首」。[212]

葛仙祠從北宋元祐七年（1092）創建至今，歷時九百餘年，香火連續不斷，長期興盛不衰。葛仙祠住持從嚴治院，按規辦事，賞善罰惡。葛仙祠歷代住持嚴懲懶惰之道士，規定：「貪睡不起者，早晚功課不隨班者，早午二齋不隨眾過堂者，朔望演集祝壽天尊不到者」，均罰以跪香。葛仙祠歷代住持，對怠忽職守、錯紀酣睡道士，也要處以跪香。對「奸猾慵懶，出坡不隨眾者，上殿誦經禮鬥不恭敬者，」也一律處以跪香。葛仙祠歷代住持，嚴懲為惡者，規定：「越職管事，倚上欺下橫行兇惡者，跪香；公報私仇，假傳命令者，重責遷冊；譭謗士眾，怨罵鬥毆，杖責逐出；無故生端，自造非言，挑弄是非，使眾不睦者，逐出；違令公務，霸佔執事者，逐出」。葛仙祠歷代住持，對於違犯清規者，必嚴懲不貸。規定：「茹葷飲酒，不顧道體者逐出；賭博誘少年者，逐出；偷盜常住物體，及他人財物者，逐出；犯清規不服管罰者，杖責革出，逐出永不復入；違反國法，奸盜邪淫，壞教敗宗，頂犯清規，火化示眾。」[213]道規之嚴酷，由此可

212　鉛山縣委統一戰線工作部等：《葛仙山志》，北京：宗教文化出版社，2006，第 125 頁。

213　上饒地區地方誌編纂委員會：《上饒地區志》，北京：方志出版社，1997，第 1619 頁。

見一斑。

（三）葛仙山「開山門」與「關山門」

作為佛道共弘的葛仙山，不僅有始建於北宋元祐七年（1070）的道教葛仙殿（也稱「太極殿」），而且有建於明代的佛教慈濟寺。因而葛仙山因道、佛兩教齊弘，香火很盛。平日的道教、佛教活動正常開展，特別是「開山門」、「關山門」法會則更是萬人空巷，熱鬧非凡，興隆之極。

「開山門」、「關山門」法會是每年山事活動的重要時段，也是葛仙山道教文化的傳統。是從每年農曆六月初一至十月初一止，長達百餘天。葛仙山的「開山門」、「關山門」法會的最早出現於何時，莫衷一是，但據山上佛、道教老人回憶，其時間很為久遠。但是，《葛仙山志》記載道：「開山門」與「關山門」的法會，始於明中葉。明正德十二年（1517）五月，鉛山縣籍內閣首輔費宏在葛仙山擴建葛仙祠工程告竣後，為紀念新建的大葛仙殿落成，連同兄弟親屬及地方士紳，於農曆六月初一登臨葛仙山，後來逐漸便將六月初一定為「開山門」之日期。明嘉靖十五年（1536）秋末，費宏病逝於京城，繼任首府夏言奉旨護送費宏靈柩歸故里，事畢後登葛仙山觀光，時值隆冬，山間寒氣逼人，香客日益減少，夏言便與道觀主持商議，最終確定每年的農曆十月初一為「關山門」之時。此後便代代相傳。

每年的六月初一到十月初一，四個月的香汛期，其盛況為葛仙山道教文化之獨有，為江南道觀之一大罕見之現象。當每年的農曆六月初一的「開山門」來臨之時，來自贛、閩、浙數省的

佛、道教信眾以地方上的村、坊、都為單位，在頭首的帶領下，各自扛著各自的會旗、鑾駕，一路上吹長號，放神銃，敲鑼打鼓，並伴以「串堂」等宗教音樂、儀旗，奔赴葛仙山。朝山會隊到來之時，葛仙山慈濟寺門前的僧眾，便燃放鞭炮迎接。朝山會隊中的神銃手則在放生前列隊，數十把，甚至是數百把神銃，連續齊發三響。其響聲，真有震天動地之感。此後，由僧人或道徒接過朝山會隊的會旗，由慈濟寺或葛仙殿的住持或當家師率領朝山會隊伍依次到每座殿、每尊佛像、神像前朝拜、串廟、此即方安排食宿。在食宿安排好之後，由寺中住持指揮鳴神銃通知集合朝山會隊全體人員到葛仙殿向葛仙翁（即葛玄）「上疏文」。這是一場十分嚴肅的宗教活動。司法道人在燈火輝煌，香煙縈繞的葛仙殿中，向葛玄聖像前高聲誦讀疏文，並伴之以木魚、鐘磬之聲。其他信眾則手執燃香，跪拜於大殿之中，祈禱國泰民安，家庭吉祥。上疏文誦畢，鼓、鑼、鐘、磬齊鳴，鞭炮齊放，排列在殿外的神銃隊也連續放響。此後，朝山會隊信眾分散活動，自行禮拜眾佛、道殿堂中聖像。朝山會隊前來葛仙山時，一般都配有匾額、錦旗、香案簾、神龕簾以及草墊、蒲團、甚至掃把等敬獻給葛仙山的諸殿、寺、堂宇。[214]

在「開山門」之後，朝山會隊與另行香客信眾來到葛仙山朝拜。從「開山門」到農曆十月初一的「關山門」這段時間，朝拜

---

[214] 江西省地方誌編纂委員會：《江西省志·江西省宗教志》，北京：方志出版社，2003，第127-128頁。

者爭先恐後，不絕如縷；每年香汛期間的「六月初一」、「七月十九」、「八月二十」、「九月九」諸日，熱鬧尤甚，尤其是八月二十日（葛玄飛升紀念日），朝山進香、觀光者一天多達數萬人，一路上香亭儀仗塞道，笙簫鼓樂喧天，夜晚在直線三十里外的陳坊，也可以清楚地看到山路上長龍上般的燈火。到農曆十月初一日，葛仙山葛仙殿和慈濟寺的道徒和僧人要帶領朝山會隊信眾和香客，隆重舉行「送聖」神拜儀式，然後方宣佈「關山門」，法會至此告一段落。

另外，葛仙山的法會，不僅有「開山門」、「關山門」，而且每年到四月初八，釋迦牟尼佛聖誕，八月十九日觀音菩薩得道等日，都有各種各樣的禮拜活動。甚至在大年三十日春節之期，雖然山上經常大雪紛飛，寒風凜冽，冰冷異常，但仍有千餘信眾上山朝拜，並在大雄寶殿與葛仙殿中靜坐到天亮，當地人稱之為與葛仙翁、釋迦牟尼佛「守歲」。山上的道徒，僧人則以木炭供其烤火取暖。

但由於缺乏統一管理，葛仙山的各種禮拜活動，尤其是「開山門」與「關山門」法會，存在大量的奢侈與浪費。據清同治《鉛山縣誌》載，每年農曆六月初一葛仙山開山門時，鉛山縣令巡禮上山祭祀，葛仙山名勝因之大振，附近的上饒、廣豐、橫峰、弋陽、玉山、貴溪、婺源等縣的善男信女，甚至包括閩、浙、皖等鄰省的信眾也不遠萬里，匆匆趕來朝聖，對葛仙翁的崇拜達到狂熱的程度。大規模的的朝山活動，人力、物力浪費驚人，舊社會土豪惡霸乘機巧取豪奪，因分贓不勻而械鬥殘殺的事時有發生，給人民帶來不少禍害。清道光年間鉛山知縣吳林光曾

作長詩一首，予以針砭：

　　葛仙山頭鐘鼓起，葛仙山下人如驛。似乎有無不可知，
呆女癡兒竟趨靡。六月一日開山門，村村鼓角進香來。填街
塞巷紛雜遝，人聲炮聲喧如雷。共道求仙仙降福，佈施百錢
供一宿。千萬人來千萬錢，徒使奸僧飽魚肉。年年秋盡始封
山，失業傷財空逐逐。富豪土惡爭財東，白刃血濺山門紅，
殺人者死咸抵罪，無辜波及村為空。豈知徼福返求禍，以此
問仙仙亦窮。願爾瓣香祀田祖，俾爾時和年屢豐。**215**

三、風景名勝

（一）自然景觀

　　葛仙峰位於玉虛觀之東北，海拔一〇九六點三米，巍峨高
峻，聳入雲霄，丹霞白雲，圍繞其間。葛仙峰為葛仙山景區之主
峰，佇立峰頂，遠望，蒼穹開闊，無邊無垠，可西望弋陽龜峰，
南仰黃崗山主峰，北攬鵝湖群山，東觀武夷七星山；近觀則眾山
朝拱，層巒疊嶂，逶迤互綿，鋪青染帶。峰西南山腰處有一天然
巨大石椅，扶手、靠背齊全，高踞傲朝東南群山，人稱此亦是一

215 鉛山縣縣誌編纂委員會：《鉛山縣誌》，海南：南海出版公司印行，
　　1990，第 680-681 頁。

把「金交椅」。聞名遐邇的玉虛觀就構建在此處，仿佛天上宮闕，映現雲端。人登斯峰，確有一覽眾山小之感。

香爐峰峰高一〇三七米，在玉虛觀正對面，水準距約三五〇〇米，狀如大香爐。晴日當中，峰呈黛青色，夕陽西下之時，則呈現淡金色。清晨薄暮，峰端浮現雲海，綽約多姿，風雪雨晦則又隱沒無垠。峰頂平坦開闊，古木參天，風景絕佳。從葛仙殿葛仙翁塑像正中點遠望香爐峰巔，可見峰後又一高峰疊聳，酷似兩爐相偎，蔚為奇觀。

紫雲峰在葛仙峰南西七五〇米，峰頂有亭曰步雲。春夏之際，雲生谷底，青雲白霧繚繞而上，彌崖漫谷。山風吹拂，似天籟餘音，嗆嗆然回蕩於雲霧間。在陽光的折射和山體的襯托下，雲霧時而素白，時而緋紫，頗有「日照香爐生紫煙」的韻味。立身峰頂步雲亭，四顧眺望，遠山送青，近嶂疊翠，雲在腳下翻滾，恍若步雲躡月，追風攬霧。憑高南眺，玉虛觀如在雲間漂浮；駐亭北觀，上山遊人時隱時現，難怪明代大詩人謝信至此會發出「山在虛無縹緲間」的讚歎。[216]

九龍竄頂站在葛仙峰絕頂，眺望四周，可見九條山脊，宛如九條蛟龍盤旋騰躍，乘風馭雲而來，匯聚於大葛仙殿后。氣勢雄偉磅礴，世人稱之為「九龍竄頂」。從衛星雲圖上看，九條山脊的走向為三向匯聚，三條東西向，三條北東向，三條北西向，都

---

216 鉛山縣委統一戰線工作部等：《葛仙山志》，北京：宗教文化出版社，2006，第20頁。

共同朝向主峰，依連聚結。晴日登臨主峰遠眺，可見武夷黃崗、上饒靈山、弋陽圭峰諸山，葛仙山擇似巨鰲聳體，傲立于峰巒壑穀之中，超凡脫俗，十分奇秀峻絕。

龍鬚谷位於葛仙峰之西，溝谷延伸五公里，方向由北西轉向北。兩山夾持，崖陡谷深。龍鬚穀是由岩塊相對位移的不連續面的斷層而形成的，其中既有張扭性斷層，也有壓扭性斷層，在斷層面附近還有許多棱角狀構造角礫，及小石英脈呈梳狀填充於裂隙中。谷中雲暗煙迷，林嵐空濛。怪石嶙峋，各式各樣。谷中溪流湍急，由高到低奔騰向西，泉石相激，山鳴谷應，匯入葛水。

西潭谷在香爐峰餘脈與葛仙山主脈斷層之間，形成一深谷，具體位於玉虛觀門口大坪邊沿護坡牆下。谷中峭壁亂聳，雲霧繚繞，煙光凝聚；山嵐飄蕩，輕嫩若紗，依季節而四時變化。須晴日，看谷中叢林，翠鳥鳴枝，黃鸝投林，風光旖旎，尤顯秀谷神韻。谷中不見激流，但聞轟雷倒峽之聲。時屆春夏，谷中則雲霧騰空激蕩，漫崖彌谷，幽谷迷離，深邃如潭，恍若「龍起西潭霧，山圍北斗星」。

七星仙井又名仙井，此處摩崖有：「玉潤仙泉」、「七星井」字樣。沿山道石徑下即到七星仙井。其石壁間斜勢而下，排列著七個石窩。大窩四十乘三十平方釐米，小窩僅十八乘十二平方釐米。石窩中清泉滿溢，晶瑩剔透，常年不乾。手指浸試，冰涼徹骨。相傳系「葛仙翁」煉丹用水，又云「葛仙翁」在閤皂山修煉時開鑿有五星井，至此山則鑿有七星井，按北斗七星佈局排列組成。常有遊人以石窩中清泉洗目，說有清心明目之功效，故又稱「洗眼泉」。

　　試劍石在葛仙祠左側約三〇〇米的山梁上。此處高矮石筍，尖峭挺立，中有裂縫，平整如削，酷似劍劈中空。有兩根石筍一劈為四片，蔚為奇觀。最大一片高五米，寬二點一米。石面鐫刻「試劍石」三字；第二片高三點三米，寬一點二米，兩片並立，間距中空十五釐米。後豎立兩片，一片高三點二米，寬一點三米，一片高二點二米，寬五十一釐米，相隔空隙約十八釐米。四片竹筍前後間隔均約二十釐米。傳雲系葛仙翁為除山上九條孽龍，乃集天地之化石，匯蒼穹之精華煉成一柄七星寶劍，在此劈石試劍。新編《鉛山縣誌》卷二十八「文物勝跡」中載：「葛仙祠左面山梁，有筍矗立，中有縫。民間傳說葛仙翁在此石上試劍，將石筍劈為兩片，故云。石上直款行書『試劍石』三字，瀟灑雄健。」[217]

　　飛仙台在山北東面山巔飛升谷頂。有三級危石憑空兀伸懸崖邊沿，下臨萬丈深谷，四周懸石淩虛，雲遮霧掩。佇立臺上往下俯瞰，頗有天風吹袂、皎皎霞外之感。相傳葛仙翁於此飛升，故名。明代，夏言有詞一首《登葛仙山飛升台》：「萬仞崗頭，來臨四望，人世奇觀。正宿雨初收，流雲散亂。渾如滄海，浪湧濤翻。……看立壁中間，劍光猶迸。古苔剝落，鶴跡仍完。身在層霄，分明上界，何用淩風玉鸞。昨霄臥，神遊八極，不覺超凡。」[218]

---

217 鉛山縣委統一戰線工作部等：《葛仙山志》，北京：宗教文化出版社，2006，第 20 頁。

218 鉛山縣委統一戰線工作部等：《葛仙山志》，北京：宗教文化出版社，2006，第 127 頁。

仙人足跡　在西山門前方右側山上，葛仙祠西北，隔一壑，
與香爐峰相望。山道旁一麻白色巨石，平面上一深痕似左足印，
五趾腳窩清晰。此天然足印長五十六釐米，寬十至二十釐米。相
傳葛玄從香爐峰舉左足跨越深壑巨谷，著力於巨石上，留跡至
今，而對面香爐峰巔石岩上亦有一右足印。

（二）人文景觀

葛仙祠又稱玉虛觀，建於地勢平坦寬闊、風景優美的葛仙山
山頂。葛仙祠的前身是建於三國吳赤烏七年（244）的葛仙廟。
相傳葛玄曾在雲崗山（後改為葛仙山）結茅隱居修道。在修道的
過程中，葛玄為百姓治病，庇護眾生，為民造福。因此葛玄死後
鄉人感其恩德而建廟供奉。

北宋時，葛仙廟發展為葛仙祠。葛仙祠始建於北宋元祐七年
（1092），南宋紹興（1131-1161）和淳熙（1174-1188）年間兩次
重修擴建。其由葛仙殿、老君殿、三官殿、靈官殿、地母殿、送
子觀音殿、玉皇樓等建築組成。「葛仙祠東南的爺殿、西北的娘
殿分別奉祀葛玄父、母」。[219]葛仙廟依山而建，由下至上，層層
相進，規模宏大，氣勢非凡。

清嘉慶二年（1797）、一九三一年和一九三九年三次毀於
火，三次重修，現存之殿宇是在一九三九年失火後，歷時十年才

219 江西省地方誌編纂委員會：《江西省志·江西省宗教志》，北京：方
　　志出版社，2003，第 41 頁。

恢復期原貌。其中坐北朝南的葛仙殿（又名太極殿、大葛仙殿），建築面積五百餘平方米，主祀葛仙翁。從殿內望去，石砌八卦形殿門內玄妙地含著對面遠處的香爐山峰，為殿宇添上了神秘色彩；店外牆上鑲有「德配天地」、「道法自然」一米餘的八個大字；殿門兩邊懸掛著青石雕刻的楹聯「三清古道千秋業、四要玄機萬世師」[220]。葛仙祠現存有藏經有：《道德經》《靈寶經》《葛仙經》《玉皇經》《地母經》《三官經》《靈官經》《觀音經》《受生經》《金剛經》《蓮華觀音經》《高皇觀音經》《北斗經》《太陽經》《太陰經》等十四部經籍和《早晚功課經》一部。大殿前後三進，高大寬敞，雕樑畫棟，金碧輝煌。大樑上各雕有九龍仰視香爐圖案，寓九龍竄頂之意，形態生動，刻工精湛。殿正中神龕滾龍抱柱，內供葛仙翁行、坐神像各一尊。神龕兩旁立著馬、趙、溫、嶽、風、雨、雷、電諸彩塑神像。殿四周環以石柱，上端雕有石像、石獅。殿橫樑上至今還懸有「天下名山」、「九洲輝宏」等歷代官吏名士所贈古匾額六塊。

「文化大革命」期間，葛仙山遭受劫難。中共十一屆三中全會後，逐步修復殿宇，重塑神像，宗教活動漸次得到恢復。

慈濟寺始建於明萬曆三十年（1602）。寺內主要建築大雄寶殿和天王殿，後幾經焚毀和重建，到一九九三年十一月後又一次擴建，至一九九五年八月竣工。重新擴建後的慈濟寺，為廡殿式

---

220 江西省地方誌編纂委員會：《江西省志・江西省宗教志》，北京：方志出版社，2003，第 230 頁。

建構，雕樑畫棟、飛簷翹角，碧瓦黃牆，氣勢端莊。寺門正上方懸掛著全國政協副主席，中國佛協會長、著名書法家趙樸初題寫的慈濟寺寺名匾額。

接官亭出娘殿登石階盤山而上，過下馬石，經過大約約六華里的路程，再上水泥臺階五十九級，即到接官亭。史載接官亭始建於明嘉靖間，後失修廢圮。在原址新建的接官亭巍然高聳穀口。在接官亭的右山腰處有松林一片，每遇山風，便可聞見松濤響聲不止。一九九六年接官亭得以重建。

飛升亭在玉虛觀北東三〇〇米處的飛升台頂端。該處原有亭，久廢。新亭於一九九八年建成。

娘娘殿為紀念葛玄之母而建，相傳葛母從江蘇老家來葛仙山尋子，不意行至半山突然故去，未能見上兒子一面，後人遂在葛母仙逝處築殿紀念。

第十一節 ▶ 「大江之西」的「絕境」── 峽江玉笥山

一、地理環境

玉笥山坐落於江西省峽江縣東部的水邊鎮內，距縣城二十公里。玉笥山方圓四十平方公里，屬於亞熱帶濕潤性季風氣候，雨量充沛、光照充足、四季分明、無霜期長。附近群山綿延起伏，有覆箱、太白、元陽、等三十二峰自南向北依次排列，凌雲摩霄。

二、歷史文化

（一）名稱由來

　　玉笥山，原名群玉山。據《太真白黿經》記載，玉笥山遍地皆為青黃紅白黑五色玉，故號群玉。[221]後來改為玉笥山，這裡主要有兩種說法：一是與山體形狀有關，宋代劉辰翁《玉笥山承天宮雲堂記》：「乙酉九日，登高把菊，望數峰如笥（「笥」，原指盛東西的方形竹器）意欣然記之。」[222]另一說法是與漢武帝有關，元代虞集《清真觀碑記》中說：「漢武帝大肆封禪，遍歷天下名山，相傳曾於此受西王母上清寶籙圖，見天降白玉笥於太白峰降真壇，武帝命人前取，風雨突作，卷玉笥而去。玉笥山因此得名。」[223]對於這一說法，明代陳耀文的《天中記》也記載道：「漢武好仙，於玉笥山頂上置降真壇，大還丹竈道士晝夜祈禱。天感其誠，乃降白玉笥置壇上，武帝遣使取之，至其壇側，飄風大震，卷玉笥而去，因此則為玉笥山焉。」[224]

221 江西省地方誌編纂委員會：《江西省志·江西宗教志》，北京：方志出版社，2003，第 209 頁。

222 南淼英、吳擁憲：《峽江林業建設與玉笥山森林旅遊》，《江西林業科技》，1999 年第 6 期。

223 同上。

224 （明）陳耀文：《天中記》卷七，四庫全書本。

（二）宗教文化

　　玉笥山歷史悠久，風光秀麗，有三十二峰、七洞、六石，自古以來就成為歷代方士、煉丹修真之地。秦代時有孔丘明、駱法通、何紫霄等避亂玉笥山中，練道修仙。傳說孔丘明等九人仙去，只有何紫霄終年隱於山中，後將其隱居的地方稱為何君洞。漢代梅福、朱孺子，晉代郭桂倫、彭真一、袁景立，南梁有杜曇永、蕭子雲，唐代羅子房、吳世雲，宋代沈道麟、袁守元等，皆在玉笥山中以修煉而著名於世，而被後人所稱誦。故玉笥山被道家列為「第十七太玄法樂洞天」和「第八鬱木福地」。到唐宋年間，玉笥山的道教文化高度發展：不僅是學道者不計其數，而且山上道觀鱗次櫛比，其占地之廣闊，建築之雄偉，裝飾之華貴，也超凡脫俗，為近世所罕見。山上宮殿有承天、大秀兩座，道觀有開明、清真、乾元等二十一觀，有祭壇梅仙、麻姑、送仙等二十四壇，涼亭有待鶴、百花等十一亭，樓臺有杜真、鳴琴等十二台，另有杏花塢、桃花塢、漢帝白並等以其別致而著名。

（三）名人文化

　　玉笥山風光旖旎，流傳下許多神話故事，離奇有趣，近千年來，來訪名人遍佈天下，如方玄英、黃庭堅、朱熹、揭傒斯、練子寧、解縉、王守仁、查慎行等莫不於此流連忘返，並留下大量墨寶，構成玉笥山文化遺產中的重要組成部分，使得集自然勝景與人文奇趣於一體的玉笥山，飲譽千載，元代文學家、史學家、詩人揭傒斯在《承天宮記》中稱：「天下稱名山，在大江之西者

有三，曰匡廬、曰閣皂、曰玉笥，而玉笥尤為天下絕境」，「兼有洞天福地之重」。**225**

三、風景名勝

雍正《江西通志》記載：「玉笥山在峽江縣東南四十里，道書第十七洞天曰：大秀法樂之天鬱木坑，為第八福地，舊名群玉峰。……有峰三十二、壇二十四、洞六、台十二、亭十一、泉五、池七、岩四、石四、井四、杏花桃花二塢、孔君梅君二宅，白雲潭颿馭祠，名跡不可枚舉。」**226**漫山古木森幽，層層掩映，四季如春，清泉長流。山腳有紫霄、仙人、溫潤、泰、鶴、龜等六石，形態各異，六石間距不足二〇〇米，屬石灰熔岩地貌。

（一）承天宮

承天宮位於玉笥山西三會峰下，玉潤水之上（在今福民鄉境內），是全山眾多宮觀館院之首。玉笥山「凡為老氏之宮二，為觀二十有一，而皆統於萬壽承天宮。」**227**漢代梅福最早隱於此。承天宮原名玉梁觀，據傳說，漢代初年，天降玉梁於潤，東漢獻帝時，曹操挾天子遷都許昌，大興宮殿遣人取梁，使者至，梁化

---

225 南淼英、吳擁憲：《峽江林業建設與玉笥山森林旅遊》，《江西林業科技》，1999 年第 6 期。

226 雍正《江西通志》卷 9，《山川三‧山賦》，四庫全書本。

227 江西省地方誌編纂委員會：《江西省志‧江西宗教志》，北京：方志出版社，2003，第 231 頁。

白龍飛去，建觀遂號玉梁。到唐景雲（710-711）和開元（713-740）年間，睿宗李旦、玄宗李隆基兩朝曾先後遣使建河圖，設金籙大醮，玉笥山名聲大振。當時玉梁觀共有精思、老君、靈寶三院，道人達五百餘眾。

唐至南唐三院道正，人稱玉梁八祖的有：曹處明、宋懷德、汪希聲、劉潛谷、陳紹規、王處一、丁守元、姚文質等八人。唐長慶間（821-824），三院道正劉潛谷被朝廷敕封為「八州都威儀沖真大師」。

宋代，朝廷對於承天宮寵愛有加，共有三位皇帝——太宗、真宗、仁宗——賜御書，並允許其每年度童子六人為道士，以續香火。祥符元年（1008）宋真宗趙恒將玉梁觀改稱為承天觀，並賜匾額以示寵。宣和初年（1119）將承天觀升為承天宮，以示皇帝的注重，這也使得玉笥山煊赫一時：當年頂禮膜拜之人接踵摩肩，車水馬龍，山上彌漫著陣陣香煙，達到最鼎盛時期。

元至元二十六年（1289）封允一為宮主持提點，兼臨江路道錄，給五品章，並重修詔加萬壽承天宮。大德五年（1301）初建東西廡，其後壽春閣及正統堂鐘樓、齋堂以次告成。至順三年（1332）加建三清殿。元末至正十二年（1352）玉笥山宮觀建築毀於兵火，承天宮也未能倖免。

明永樂初年，楊惟心以「禪宗夙學，恍恭道緣」，在原址建佛殿，並計畫復建三清殿，然而不久圓寂，其志向即成夙願。但其弟子李景椿繼承師志，於宣德元年（1426）起文昌殿與三清殿並列，正統二年（1437）於舊址之上建築玉皇、天王二殿。從此，在這兒道、佛、儒三教混在一起。後世承天宮屢興屢廢，至

清末只留下個遺址，如今可見之處只有宮牆基址。

（二）玉梁觀

位於玉笥山麓，為玉笥山又以名觀。關於玉梁觀的得名，據《太平廣記》記載：「漢武帝時，玉笥山民感山之靈異，或愆旱災蝗，祈之無不應，乃相謂曰：可置一觀，彰表靈跡。既構殿闕中梁一條，邑民將選奇材，經數旬未獲，忽一夜震雷風烈達曙，乃晴天降白玉梁一條，可以尺度嚴安其上，光彩瑩目，因號為玉梁觀。」[228]對於玉梁觀的詩文讚賞，不勝枚舉。宋乾道年間進士曾三聘《玉梁觀詩》：「道人抱道怕遊人，閉門三月不知春。風申雨裡莫我識，起迎鬥覺生精神。夜來夢揖梅子真，驗胎換骨隔一塵。玉池生液銀河潤，嚥嗽自有元和津。山中且住不須去，九仙巔上雲迷路。搗餘藥裹臥松根，只在丁當鳥鳴處。」[229]元代狀元胡雲端《玉梁觀詩》：「異境閟琳宇深溪，臥玉梁雲山莽回。互水月淡征茫谷，暗紫瞿合潤春瑤。草芳野橋通石棧，仙奕隱茅堂尋塈。聞猿嘯飛空看鶴，翔何時脫塵軼棲。」[230]

（三）雲儲寺

在玉笥東北隅的元陽峰下，曾有雲騰飆馭祠，又名雲儲寺。

228 （宋）李昉：《太平廣記》卷三百七十四，四庫全書本。
229 同治《峽江縣誌》，臺北：成文出版社有限公司，1989，第 303 頁。
230 同上。

唐代，貞觀年間，吉州刺史吳雲儲攜眷在此修道，後來舉家成仙
升天。天寶八年（749），為紀念此事，唐玄宗便派遣宦官崔朗
興建雲儲寺。宋代，宋真宗御賜匾額：「雲騰飆馭」，因此雲儲
寺又稱為「飆馭祠」，同時加封吳儲雲為華嶽府主。祠內建有正
殿和先覺樓，正殿奉祀華山陳摶老祖（五代宋初著名道士）。而
先覺樓，當地稱為夢樓，說的是對於那些信誠並求夢之人，倘若
夜臥先覺樓，必會有夢相託付，屢試不爽，極為靈驗，這也成為
玉笥山的一大奇跡。據縣誌記載：「名流騷客、達官貴人、商賈
工農，無不祈夢於此」。「每歲入秋特甚，至有不容寢之時」。據
當地傳說：明代吉水才子羅洪先，曾經與友人游玉笥，夜裡獨身
一人到祠外百花亭內散步通宵達旦。而在先決樓熟睡的友人，卻
夢到「百花亭上狀元游」，結果羅洪先果真一舉奪魁，並在百花
亭留下了絕句一首：「黃葉鋪階枕碧溪，白雲深處不聞雞，廿年
塵土歸問夢，肯受山靈幻境迷」。[231]清朝時道光年間時有維修，
後逐漸頹敗，至文革期間，蕩然無存。上個世紀八十年代後期修
復。

（四）漢帝金井

　　位於南祠對面山坡，由岩石天然形成。人走進井口，腳步震
動，泉水上冒，如串串珍珠，置鎳幣於水面，不沉。泉水常年不

---

231 江西省地方誌編纂委員會：《江西省志・江西宗教志》，北京：紡織
出版社，2003，第 210 頁。

絕，逢大旱不減，清澈香冽，含多種有益人體的微量元素。相傳漢武帝南巡時曾汲用此水，故名。

（五）仙人石

遍佈數畝，石奇洞異。石頂是仙人橋，另有環玉閣，兩重飛簷，下層八角，上層四角，格窗回廊，飾以彩繪。石西有一甬道，洞洞相連，以仙人洞為大。始建於宋，初名大成閣，因六石環立四周，清乾隆三十一年（1766）知縣張九鉞改題環玉閣。一九七九年重修。

（六）覆箱峰

又名獅子峰。玉笥山南部一峰，位於福民鄉與水邊鎮交界處，海拔四八六米，方圓六平方公里。相傳秦時孔丘明等九人飛升時，擲箱覆於地，化為青峰，故名。峰巔原有紫霄化院，「興唐以來，遠近民士祈禱之盛，海內少見」。[232]清雍正七年（1729）重修，為單進五開間，上覆盈尺鐵瓦。一九五二年毀於森林火災。一九八七年秋，縣林業局在廢址興建瞭望閣，用以護林防火，開闢旅遊事業。閣採用鋼筋水泥仿古建制，三重飛簷，歇山式脊頂，下層廣敞，二三層有回欄相通，紅牆綠瓦。登閣憑欄，萬頃林海盡收眼底，峽江諸勝一覽無遺。

---

232 峽江縣地方誌編纂委員會：《峽江縣誌》，北京：中共中央出版設，1995，第122頁。

（七）玉笥青嵐

玉笥根蟠百里，古稱洞天福地，雲台霞蹬，花謝盃池，奇瑰不可殫述。春秋新霽嵐氣撲空，萬壑千崖，浮青拂翠，如屏風九疊餐砂梅子采藥，何君恍況見之。[233]

（八）百花橋

位於雲騰飆馭祠門前，為江西省現存罕見的隧道式古橋。

（九）其他名勝

據《峽江縣誌》記中載，玉笥山的仙人泉、泰石、鶴石、溫潤石等也較為有名。仙人泉泉水冬暖夏涼，清可鑒髮，其味香冽。清代有人取水與石上藥草製成六神曲，遠近珍之。相傳秦末「十叟」鑿地飼鯉，後九鯉化龍駝九仙飛升。又傳何紫霄煉丹於此，故又名煉丹泉。泰石位於北隅，根蟠數十畝，為六石中最大者。有石磴可達頂部。最高一峰似刀削斧劈，兀然屹立，俗稱觀音峰。有洞十餘，石腹中有一天然洞穴，敞如廣庭，人稱洞廳，內望黝黑，石壁小竇交通，曦景漏射，別有意境。鶴石又名雀石。北距泰石數十米，群石森立，矗為一峰，峰嶺一石，如玄鶴翹首引吭。溫潤石位於何君村北田畈中，在仙人石前溫潤上，故

233 同治《峽江縣誌》卷一上，《地理志》，臺北：成文出版社有限公司，1989，第 166 頁。

名。泉從石底流出，叮咚有聲，如鐘鼓齊奏，又名鐘鼓石。[234]

第十二節 ▶ 農禪並重的千年古剎——永修雲居山

一、地理環境

　　雲居山位於被譽為洪都門戶的江西省永修縣境內，距離縣城二十公里處，方圓約二三〇平方公里。據《雲居山志》記載：「雲居一席，雄踞西江。方內祖山，實稱弁冕。」[235]雲居山山體主峰高山尖海拔九六九點四米，領諸峰之冠，其餘大部分山體海拔在八〇〇米以上，此山峰巒高聳，重巒疊嶂，青蔥筼立，常年納霧藏雲；潦、修兩河南北夾持，山勢雄奇，植被繁茂，風景絢麗，氣候宜人。山上年平均氣溫十三點二度，無霜期約為二〇〇天。雲居山風景秀麗，堪稱一絕。據《雲居山志》記載：「龍門佛眼[236]曰：『雲居甲於江右。』子瞻[237]則曰：『冠世絕境，大士

---

234 內容同註 233。

235 （清）元鵬禪師編纂，何明棟、盧川校注：《雲居山志》，南昌：江西人民出版社，2002，第 191 頁。

236 佛眼，即宋代高僧慧開禪師（1183-1260），因其禪有獨到之處，晚年獲得宋理宗賜號「佛眼禪師」。參考（清）元鵬禪師編纂，何明棟、盧川校注：《雲居山志》，江西人民出版社，2002 年，第 192 頁。

237 子瞻，即蘇軾（1037-1101），與佛印和尚關係密切，在佛印主持雲居山真如禪寺期間，蘇軾曾多次登臨拜訪。參考（清）元鵬禪師編纂，何明棟、盧川校注：《雲居山志》第 192 頁。

所廬。禪老垂五十代皆傑出，龍象聲馳祖域。』**238**」

雲居山林木繁茂，植被保存較為完整。有天然植物近二〇〇〇種，其中高等植物一〇〇〇餘種，森林覆蓋率達百分之八十九點二。雲居山諸峰，林木蒼鬱，各有特色：五腦峰、泉祠坳萬畝竹海，碧濤陣陣；扁擔坳、大馬頸松濤萬頃，蒼翠挺拔。春日時節，遍山杜鵑、瑞香、蘭草色彩斑斕。雲居山植被種類繁多：十二株古銀杏分佈於真如禪寺周圍，樹齡皆在數百上千年。其中無心杏樹齡近千年，徑圍近十米，雖歷經滄海桑田，仍枝繁葉茂，生機盎然。朱家嶺的古楓、桂樹，雷公洞的櫟樹樹齡均近千年。雲居山著名珍稀樹種有國家一級保護樹種伯樂樹、香果樹。其他珍貴樹種有金絲楠、八角茴、雲南松等。還有八十公頃江南最大面積的天然栓皮櫟群落，是雲居山植被資源中寶貴財富。**239**

在雲居山，山間上有一塊百畝之大的平原，四周峰圍如蓮瓣，人稱蓮花城。作為千古名剎的真如禪寺便坐落在蓮花城中央，梵宇莊嚴，清幽絕俗。據《建昌縣誌》記載：「雲居山，在縣西三十里，在受安鄉，山常出雲，遂名雲居。層巒疊嶂，望若插雲及躡頂入山，復為平地，群峰環抱，天然城郭田園陂澤雞犬，雲中真若桃源，蹊徑上有真如。」**240**

---

238 內容同註 233。

239 江西省地方誌編纂委員會：《江西省志——旅遊志》，北京：方志出版社，2002 年，第 525 頁。

240 同治《建昌縣誌》卷一，臺北：成文出版社有限公司，1989，第 219頁。

雲居山因山勢雄偉高峨，常為雲霧所抱而得名。因此雲海是雲居山的一大景觀。雨過初霽，站立南天門，可見萬頃雲海好似大海茫茫無際，雲居諸峰漂浮於雲海之上，宛若蓬萊仙島，奇幻無比。一俟日出，茫茫雲海逐漸散去，化作縷縷白絮，似煙如紗，雲飄山移，妙不可言。黎明時分，但見東方天空見紅，片刻之間一輪紅日跳躍而出，金光萬道灑遍山川大地，大好山河盡收眼底。據《建昌縣誌》記載：「雲居山列屏縣治西南，曉初風光，萬壑蔥蒨層疊，至晚，霞綺俱染，黛色如畫。」[241]風景壯觀的日出，奇幻的雲海，更有那七彩的飛虹和美麗的餘暉，上白水、五龍潭時時可見彩虹，虹隨人動，樂趣無窮。隆冬季節雲居山雪花飛舞，雲居諸峰銀裝素裹，玉樹銀花，雪擁樓臺，冰琢晶宮，壯觀奇麗，為雲居山冬日一大美景。

二、宗教文化

（二）山名由來

雲居山，「古名歐山，相傳戰國末年楚將歐岌戰敗後在此隱居」。[242]《雲居山志》載：「傳歐岌將軍為楚將，以懷王入秦，而後裔康王避難於廬山谷中，王翦追之急，天忽雷雨烈風，翦人

---

241 同治《建昌縣誌》卷一，清同治十年刊本，臺北：成文出版社有限公司，第 291 頁

242 江西省地方誌編纂委員會：《江西省志·江西省旅遊志》，北京：方志出版社，2002，第 26 頁。

馬不能前，因名康王谷。而將軍覓嗣主不得，遂遁此山，修煉得道，仙隱始著，故名歐山。」[243]另據明代李賢的《明一統志》：「雲居山，……其山紆回峻極，上常出雲，故名雲居，一名歐山，世傳歐岌先生得道於此。」[244]《大清一統志》也採納這一記載：「雲居山在建昌縣西南西南三十里，紆回峻極，頂常出雲。一名歐山，明統志：世傳歐岌先生得道於此。」[245]

（二）禪宗文化

　　雲居山作為佛教曹洞宗發祥地之一，迄今已有千餘年的歷史。其全盛時，山上有寺廟數十座，僧尼一五〇〇餘人。真如禪寺的歷史可追溯到唐憲宗元和三年（808）之初，「道容禪師住在雲居山南麓瑤田寺，一天司馬頭陀游方至此，便相約同登雲居山，到山上只見中間一帶地平如掌，湖澄如鏡，群峰環繞，如蓮花瓣狀……」[246]於是在此肇基建寺，名雲居禪院。西元八八三年，曹洞宗二世釋道膺禪師駐錫於此，倡「君臣五位」之說，弘法三十年，極盛時有僧眾千餘人。有新羅（今屬韓國）僧人利嚴等專程來寺參學，學成歸國開法於須彌山，是為曹洞宗在海外弘

---

243 （清）元鵬禪師編纂，何明棟、盧川校注：《雲居山志》卷一，南昌：江西人民出版社，2002，第 195 頁。

244 （明）李賢：《明統一志》卷五十二，四庫全書本。

245 《大清一統志》卷二百四十三，四庫全書本。

246 釋悟凡：《繼續農禪舊家風——雲居山真如禪寺》，選自《生活——中國宗教》，第 52 頁。

傳之始。釋道膺弘傳曹洞宗風，下傳釋道丕、釋道簡等數十人。以釋道膺弘傳曹洞宗風建樹不凡，唐僖宗賜紫袈裟，又御筆賜額龍昌禪寺。唐天複二年（902），釋道膺圓寂後，塔葬寺前趙州關側，唐昭宗賜諡號弘覺大師。

　　五代至宋初，相繼有釋道簡、釋道昌、釋懷嶽、釋懷滿、釋德緣、釋智深等相繼住持龍昌禪院，大倡曹洞宗風。此後，又有法眼宗傳人釋清錫、釋道齊、釋義能、釋慧震等駐錫於此，住持法席。至宋景德年間（1004-1007），法眼宗四世釋契環入院住持法席，在弘揚禪法的同時，多方募緣，修整寺宇。大中祥符元年（1008 年），宋真宗親書正白體「改賜真如禪院」**247**，一直延續到今。宋神宗期間，雲門宗五世釋佛印禪師住持真如禪院丈席，駐錫數十年，宋神宗特賜高麗磨衲金缽。期間，名士蘇軾、黃庭堅等多次登山拜訪，多有詩文唱和。寺內香火長盛，住僧達五百餘眾，而且，常住豐裕，有莊庵四十八所，成為江南名剎。繼釋佛印之後，釋曉禹、釋自寶、釋守億等先後執掌法席，大弘雲門宗風。而後，臨濟宗法嗣釋仗錫、釋元祐、釋高庵等次第主席。一時，衲子聞風雲集，多達數百人，禪風之盛，甲於江右。不久，金兵南侵，真如禪寺慘遭蹂躪。南宋紹興四年（1134），釋法如就任真如禪寺方丈，召集四方僧眾，弘揚「農禪並重」，「披

---

247 同治《建昌縣誌》卷二，臺北：成文出版社有限公司，1989，第 351 頁。

蓑側立千峰外，引水澆蔬五老前」[248]，率眾重建寺宇。到紹興十一年（1141），重建建築先後完成，寺宇煥然一新。

元代，真如禪寺一度弘揚藏傳佛教。元末明初，真如禪寺屢遭兵燹。明成化年間（1465-1487），附近的豪強變寺田為湖泊，以侵奪田產。嘉靖年間（1592），洪斷諸緣在北京獲悉真如禪寺的情況，請准朝廷後，毅然荷策南下，立志復興。入住之後，率眾閉關三載，整肅寺風，接著修復寺宇。期間，神宗之母慈聖皇太后兩次為真如禪寺賜黃金紫衣，頒賜《大藏經》，並施帑鑄造千佛繞寶蓮毗盧舍那銅佛像。在修復工程告成之時，神宗御書匾額、楹聯等賜真如禪寺，如神宗御書禪堂聯雲「智水防心水，仁風掃世塵」，匾曰「寡過未能」。繼釋洪斷諸緣之後，其法嗣釋味白住持法席。明崇禎十年（1637），顓愚觀衡應請入寺執掌丈席。入寺之後，率眾實踐「農禪並重、禪律兼弘」[249]。七年之後，寺宇更加壯觀，宗風遠播。

明末清初，釋方融繼師之志住持法席，由於時局動盪，真如禪寺復陷頹境。清順治八年（1651），晦山戒顯完成《禪門鍛煉說》。晦山戒顯遷錫金陵（今江蘇南京）後，其法嗣釋燕雷元鵬就任住持，繼師之願，繼續修復寺宇，同時完成《雲居山志》編纂，並刊刻流布。繼釋燕雷元鵬之後，釋明熙一度住持真如禪

---

248 江西省地方誌編纂委員會：《江西省志・江西省宗教志》，北京：方志出版社，2003 年，第 56 頁。

249 延可：《純聞法師榮膺江西雲居山真如禪寺方丈》，《讀者》2005 年第 11 期，總第 255 期。

寺。光緒十九年（1893），釋智根執掌真如禪寺法席。清中後期社會動盪，真如禪寺也長時間的限於衰落之中，聲名漸微。

一九一五年，釋淨塵繼釋本塵之後，住持真如禪寺，在全力弘法的同時，多方募緣，修復寺宇。期間，寺中住僧也日漸多至百餘人。

抗日戰爭時期，真如禪寺慘遭蹂躪。一九三九年三月十九日，日本侵略軍藉口雲居山「茲山險峻，易伏遊兵」，炮轟真如禪寺，寺內諸殿宇大多被毀。僧眾四散，僅留性福等四人。炮轟之後，日寇又串進寺中，大肆搶掠，珍貴文物大多遭難，就連明代千佛繞寶蓮毗盧舍那佛銅像因搬不走而拋棄兀坐在荒草中。日寇走後，僧人草草收拾破損的大寮，權為殿堂。此後，僧眾日漸減少。真如禪寺開山至此，歷經七劫。

一九五三年秋，中國佛教協會名譽會長釋虛雲來到雲居山，見到祖庭破敗不堪，乃發願重興。上山的當夜，即恢復叢林規制。釋虛雲駐錫雲居山消息傳出，四方衲子雲集而至。一年後，釋海燈來寺禮謁釋虛雲後，應請出任真如禪寺住持，並與釋虛雲共同主持長達四個多月的講經法會，講說《楞嚴經》。到一九五七年，寺內修復重建工程大體完成，諸殿堂新塑佛像也相繼告竣，規模超過前代。一九六六年六月「文化大革命」開始後，真如禪寺遭到嚴重破壞，佛像遭砸，經書被燒，僧人有的被強令還俗，僅留下釋一誠、釋達定等四人也被強令改為農工。真如禪寺被改為雲山墾殖場紅山分場辦公室。

中共十一屆三中全會以後，一九七八年冬釋一誠、釋寬懷等在雲居山祇樹堂禪寺舉行全山「文化大革命」後的第一次佛事活

動。一九八一年三月，中共江西省委宣傳部下發《關於解決雲居山真如寺落實黨的宗教政策問題的意見》決定恢復真如禪寺為宗教活動場所。同年四月十八日，釋悟源、釋一誠等十餘人回住真如禪寺，開始恢復如規守律的宗教活動和叢林生活規則，同時著手修復藏經樓。

（三）詩詞文化

雲居山，奇山異石，風景秀麗。引來許多文人墨客留下墨寶。歷代前來雲居山朝觀覽勝者不勝枚舉，已知著名人物有白居易、王安石、蘇軾、黃庭堅、秦少游、皮日休、晏殊、朱熹等，留有詩詞二七〇多首。眾多摩崖石刻保存完好，其中，談心石旁蘇軾手書「石床」兩字，及佛印和尚在洪覺道場題刻的「洪覺道場」和在石鼓題刻的「阿彌陀佛」尤為珍貴。**250**

三、風景名勝

（一）真如寺

雲居山的人文景觀遍佈全山，殿、堂、樓、閣、牆、橋、寺院，數以百計，唐宋興盛時規模最大。據清代《雲居山志》記載：「茲山法燈閣於明葉，古制規模，大有可征。晏相國碣

250 江西省地方誌編纂委員會：《江西省志·旅遊志》，北京：方志出版社，2002 年，第 526 頁。

云[251]：『登奧阼者五百室。』迄今相傳，故老雲居山四十八丹墀，當年法席之隆，可想見也。斷公重建以來，傘居正當廢弛之侯。更新壞墮，修補罅漏。晦老和尚開闢禪荒，重建雄殿、飯堂、香積，諸殿落成，唐宋之觀漸復，半千衲子可棲。」[252]

雲居山是佛教曹洞宗發祥地之一，迄今已有一一九〇餘年，全盛時期山上有寺廟數十座，僧尼一五〇〇餘人，盛極一時。宋代著名詩人黃庭堅在《登雲居作》一詩中寫到：「瘦筇扶我上稜層，眼力窮時腳力疼。天上樓臺山上寺，雲邊鐘鼓月邊僧。四時美景觀難盡，半點紅塵到不能。白髮龐眉老尊宿，祖堂秋鑒耀真燈。」[253]一九八〇年前後，一批有較高歷史價值的庵堂、寺廟都在逐步修復重建中。目前雲居山除國家重點開放寺廟真如禪寺外，尚有瑤田寺、南陽寺、圓通寺、觀音寺、小雲門寺等一批縣級文物保護單位。

雲居山現存歷代名僧墓塔近百座，大多集中於真如禪寺附近。已知的有：顓愚塔、燕雷塔、道容塔、佩璋塔、心印塔、將軍塔、朗耀塔、海燈塔、虛雲塔、海會塔、悟源塔、日本平山純木和尚塔等。上方庵西南側有十餘座僧塔相聚而建，成一塔林。

251 晏相國碣，即宋晏殊撰《雲居山重修真如禪院碑記》。參考（清）元鵬禪師等編纂《雲居山志》，第 206 頁。

252 （清）元鵬禪師編纂，何明棟、盧川校注：《雲居山志》卷二，南昌：江西人民出版社，2002 年，第 201 頁。

253 （清）元鵬禪師編纂，何明棟、盧川校注：《雲居山志》卷十四，南昌：江西人民出版社，2002 年，第 333 頁。

（二）蓮花城

蓮花城是雲居山人文景觀集中之處，又是與其特色所在。雲居山四周群峰擁翠，位於八百米的山頂上有面積數十公頃的小平原，這裡山澗流湧成湖，古僧把群風想像為蓮花花瓣，湖田寺宇比花蕊，稱其為「蓮花城」。真如禪寺便位於蓮花城內。這裡古跡頗多。佛印橋，為宋代佛印禪師所建。因跨碧溪而過，又稱碧溪橋。是進真如禪寺的唯一行車通道。談心石，傍山佛印橋傍，是當年蘇軾與佛印促膝長談之處。蘇軾書「石床」兩字於石上，筆鋒遒勁放達，是難得的真跡。慧泉，為唐代古井。泉出古銀杏根部，終年不竭，甘甜可口，歷代僧人藉此炊飲，後虛雲以此能開人智慧，題「慧泉」兩字於井旁。虛雲塔院，位於趙州關南數十步。虛雲為近代高僧（1840-1959），前中國佛教協會名譽會長。將軍塔，又名空心塔，為紀念戰國時楚將歐岌而建，全塔由花崗岩雕形砌就，嚴絲合縫，勾心鬥角，堪稱古建築之珍品。顗愚塔，為明末顗愚傘居和尚的墓塔，高五米，宏大精巧，造型美觀。還有唐代和尚奎章的墓塔等。此外還有古塔百餘座，現保存有規模的亦不下數十座。洪覺道場，為道膺禪師講經場所。道膺謚號弘覺，宋佛印手書「洪覺道場」隸書刻石上，每字數尺見方，洗臉超脫。仙人足跡，位於洪覺道場岩下溪流中，大者長近二米，酷似腳印，稍前的渾圓，傳為仙人涉水拄杖痕跡。雞石，長十米，高七米，前高後低，猶如引頸鳴蛋的母雞。中有縫隙，

攀縫而上雞頸，可飽覽遠處湖光山色。**254**

（三）趙州關

唐代，趙州從諗和尚登山拜訪道膺禪師，下山時，道膺禪師送其至此而別。當時人們在此建一石坊以為紀念，道膺禪師即名之「趙州關」，據《雲居山志》記載：「至今叢薛石壁上『趙州關』三大字尚存。故蘇內翰有『一行行至趙州關，怪底山頭更有山』之句。」**255**一九八五年，方丈一誠主持在舊關原址西南二〇〇餘米處重建關樓，高七米、寬十一米，為花崗石雕砌而成。

（四）明月湖

湖形圓若皎月，湖水澈如明鏡，微波不興，湖映寺宇，虛實相應。據《雲居山志》記載：「形如圓月，恰拱寺門。每當日出，金光蕩漾，注射台殿。縣令蒲秉權建石坊，榜曰『明月湖』。」**256**明月湖形如滿月，方圓十餘畝，澄清如玉，玲瓏剔透。旭日東昇，金光蕩漾，遙映真如，華幢瑞靄，蔚為壯觀。古人贊曰「天上雲居真飽景，一泓收盡萬山秋」。虛雲和尚以此湖

---

254 參見江西省地方誌編纂委員會：《江西省志・旅遊志》，北京：方志出版社，2002 年，第 526-527 頁。

255 （清）元鵬禪師編纂，何明棟、盧川校注：《雲居山志》卷二，南昌：江西人民出版社，2002 年，第 204 頁。

256 （清）元鵬禪師編纂，何明棟、盧川校注：《雲居山志》卷一，南昌：江西人民出版社，2002 年，第 196 頁。

放養水族，只養不取，又名放生湖。

（五）圓通寺

始建於明末，現住尼姑數人，艱苦篤誠，弘揚佛法。貓咪石，兩石相摞，形如坐貓，笑容可掬的歡迎遠道而來的客人。石屋，三石相架，中空如廬，屋頂古木參天，階下溪水長流，壁外遍長青藤，門上纏繞獼猴桃，石門上刻有「雲山石屋仙境」六個大字。古代高僧常局內修行，屋壁上尚有煙燼。石松，根紮石隙之中，高二十米，直徑四米，老幹虬枝。飛來石，高五米，十人方可合圍，石中有天然洞穴，高一點五米，寬二點五米，深二米。鷹嘴石，兩石兀立前伸，一前一後，如巨鷹利啄。九曲洞，洞口容一人進出，洞內上下屈曲，左右迂回，幽深邃密，令人卻步。**257**

（六）百花谷

百花谷一帶山清水秀，風景秀麗。風景名勝眾多，這裡有五龍潭、石龜、百花溪瀑布等。

五龍潭，溪水連跌五級，沖巨岩成五個深圓若鑿的大潭，故稱五龍潭。水流左曲右迂，越石而下。第一潭渾然似仙人沐浴之盆，又稱浴仙盆。最後一個則深不可測，潭下數十步，溪水衝擊

---

257 參見：江西省地方誌編纂委員會：《江西省志・旅遊志》，北京：方志出版社，2002 年，第 527 頁。

懸崖，形成落差八十多米的瀑布。

　　石龕，巨石被風蝕成三個凹洞，中間大，兩旁小，宛若供佛的壁龕。百花溪瀑布婉轉曲行，綠波妙映。獅吼石，由數塊巨石組成，遠觀如雄獅怒吼。仙人石，一石平若桌面，依山而懸，傳為仙人打坐之處。石鼓，巨石形如天鼓，當路一面，平整如削，圓如滿月，上刻佛印和尚手書「阿彌陀佛」，行人經此皆念以祈佛。此石乃冰川遺跡。

　　觀音鏡，五龍潭旁，岩石上有天然圓井，水碧如鏡，遊人爭鑒映面龐，見心地。俗稱觀音鏡。祇樹堂，位於五龍潭二公里處，始建於唐朝，為唐代道膺禪師開山建造。雖是小廟，但歷史悠久，環境優美，幽靜空寂，周圍有許多自然景物景觀。[258]古人云「一上歡喜石，終身不出山」。耕源千年古樟，兩株古樟葉茂蔭鬱，冠蔭可蓋球場，歷盡滄桑。喉頭石，一巨石如猴頭，擠眉弄眼，調皮逗人。

（七）黃荊洞

　　黃荊洞，謂之洞，實指小路穿峽溝而伸延，兩旁峭壁上茂樹繁枝連理而言。像古小說中形容的洞天福地，又像陶淵明描繪的武陵桃源仙境，狹溝有二，稱大、小洞。朝天笏，一峰飛峙，壁立谷中，形同古代朝臣之笏。馬噴水瀑布，馬噴水，山澗越谷而

---

258 參見：江西省地方誌編纂委員會：《江西省志‧旅遊志》，北京：方志出版社，2002年，第525-526頁。

下，自兩峰狹壁間噴湧而出，飛瀑數十米，始一股，後分數股，再十數股，千變萬化，落差一四〇米，交水瀑布飛瀑垂簾，聲達數裡，給人以「飛流直下三千尺，疑是銀河落九天」之感。終年不竭，頗為壯觀。黃荊天塹，是一個萬丈深淵，洞側陡峭，自谷底升起數百米，崖壁上兀岩齒露，茂樹叢生。捨身石，為巨石伸出懸崖數米，下臨無地，十分險奇。仙人橋橫架山谷的巨岩。底部被水沖風化成拱洞，形同跨山建造的拱橋。拱寬六米，高三米，橋長十五米，橋面平整，寬約二米。桃花尖，海拔九四三米，相傳它是桃花仙女的化身，那怪石嶙峋的山巒便是皇母親手撕去的衣裙，有意羞辱桃花女所為。桃花尖上有聚義亭，傳說是南宋江湖義士蘇鐵六所建。永修縣最高峰數桃花尖旁的高山尖，比桃花尖高出二十餘米。天葬墳，傳說三國時孫權之母死後出殯，行至此處突然烏雲密佈，雨似瓢潑，只好停殯躲雨，當八仙剛一走開天便放晴，停殯處亂石成山。養馬川，是三國時周瑜屯兵養馬之地。黃荊河，黃荊是一人名，其妻桃花仙女，戀黃荊死不上天，受罪後，哭得死去活來，淚水流成河的盧谷，由香棚至口頭李家一線，崖壁陡峭，高達數百米，崖壁上厲岩齒露，茂樹叢生，近前俯瞰，令人頭暈目眩，莫敢詳視。東側谷壁如畫，谷底老樹枯藤，鳥語陣陣，流水潺潺，險峻之極。**259**

259 參見江西省地方誌編纂委員會：《江西省志‧旅遊志》，北京：方志出版社，2002 年，第 528 頁。

（八）其他風景名勝

豪豬洞，為一花崗岩洞，洞口寬一米，高一米，洞內深十餘米、寬二十米、高二米。村民曾賴以躲避戰亂。

雲門寺，始建於唐代。環境幽靜空寂，寺內現住尼姑數人，過著自食其力的清淡生活，卻也自成其樂趣。

白水瀑布，分為上、中、下三條，各具特色，上白水流向急轉，落差三十米左右，形成三個深潭；中白水為竹林澗，一級跌宕五十餘米；下白水為枕形瀑布，兩級始分復合，合而又分，落差約一〇〇餘米，氣勢磅礴，異常壯觀。

熱風洞，因洞兩頭相通，隨著風向的改變，時而湧出呼呼熱風，時而吸入敗草，不知去向。

涼風洞，石隙中溢出陣陣涼氣，沁人心脾，坐岩下可消除旅途勞累。[260]

第十三節 ▶ 其他宗教名山

一、金溪疏山

疏山坐落於江西省金溪縣城修古鎮西二十五公里，山清水秀，環境清幽。同治《金溪縣誌》稱其「內多樓臺，雕甍綺疏，

---

260 參見江西省地方誌編纂委員會：《江西省志・旅遊志》，北京：方志出版社，2002 年，第 527-528 頁。

與翠地蒼崖蔭映最高處，有亭曰一覽，據坐憑眺則澄江浩淼，平楚蒼茫，氣象萬千。左有峰曰桴鼓，右曰搴旗。為梁周迪屯兵之地。」[261]古時這裡便是僧道隱士參禪悟道、隱逸修學的佳境。古往今來，不少隱士來此修煉，上香禮佛，遊覽觀光，文人墨客們留下了諸多詩文。宋朝的陳起有《宿疏山》詩：「竹輿穿雨上疏山，寒涕垂頤獨掩關。病客欲眠渾不寐，白猿啼在白雲間。」[262]宋代陳思也題《疏山道中》詩：「村深谷鳥近人鳴，暮靄收時雨又晴。極目春山隨處好，筍輿穿盡綠陰行。」[263]

關於疏山名稱的由來，《江西通志》有詳細記載：「疏山，本梁周迪營地。唐大中時，何仙舟棄官讀書於此，有釣台書屋，因號書山。後為白雲禪師道場，南唐改今名」[264]

《募修疏山西廊序》云：「江右叢林甲天下，隆樓傑閣於百數，疏山蓋其一也。」疏山為江南佛教名勝之一，疏山寺更是久負盛名。

疏山寺的前身為唐中和年間僧人在疏山始創的白雲寺。大順年間（890-891），撫州刺史危全諷，請釋匡仁[265]住持疏山寺。

261 同治《金溪縣誌》，臺北：成文出版社有限公司，1989，第 95 頁。

262 （宋）陳起：《江湖小集》卷七，四庫全書本。

263 （宋）陳思：《兩宋名賢小集》卷一百二十五，四庫全書本。

264 雍正《江西通志》卷一百十二，四庫全書本。

265 釋匡仁，號圓照，人稱「白雲長老」，吉州新淦（今江西新幹）人。自幼出家，投吉州（州治在今吉安）釋無證座下剃度，後親近洞山普利寺（在今宜豐縣）釋良價，得承洞上宗旨，是為曹洞宗二世。

釋匡仁來到疏山後，大力提倡曹洞宗風，並將寺額改稱「白雲禪院」。釋匡仁道行甚高，常開法筵，招收弟子，其中較為著名的是化僧疏山證、五峰遇等，還有專程自新羅（今韓國）前來求法的百丈明照安、洞真大師慶甫等。繼釋匡仁之後，其法嗣由疏山證執掌，疏山證成為白雲禪院法席。南唐時，朝廷遣使來寺院視督，見其地近臨疏溪，奏報改寺名為「疏山禪寺」，而後沿用至今。

宋代，太祖趙匡胤、真宗趙恒、仁宗趙禎以及高宗趙構等先後頒賜御書寺額，使得疏山寺已是名震海內。著名詩人陸游用「寺門欲近山若拆，老樹蒼崖多古色」之句來形容疏山寺之古樸典雅。紹興十四年（1144），釋了如由曹山寺（在今宜黃）移錫疏山，之後，多方募緣，修復寺宇，在寺內「以旃檀眾香黃金創一大輪藏，聚書五〇四八卷。充入縹帶、牙籤、琅函鈿軸。」使得疏山寺寺貌一新，聲名遠揚。繼釋了如之後，臨濟等二十五世釋了常來寺住持丈席，直至圓寂。

元代初年，釋了萬大和尚[266]執掌疏山寺法席，他不僅弘揚佛法，而且為寺廟的修理和擴建而多方募緣。其後由釋東明[267]住持法席，他繼承前人之志，重在擴建寺院，「一年而僧堂改觀，二年大殿既丹堊莊嚴，像設供養之功畢，三年作下院於撫

---

266 釋了萬，字一山，臨川（今屬江西）金氏子，曾主法於天臺寒岩寺。至元年間（1322-1340），嗣甯和尚法脈，承繼法席。

267 釋東明，自號歸雲林人，善詩，亦精醫術，救活人無數。

州，又作金溪縣（城）。四年鑿山為園，藝桑藝桐藝茶，凡四千。五年窣堵坡、大小之屋皆完新，以其餘力複取化成洲地。六年又鑿山種油茶兩萬餘株，役水舂碓而屋燾之。七年架萬壽閣，八年閣成，設飭咸具，刻畫肖像萬身，創二庫以豐財。」[268]但是到元代末年，隨著戰火的燃起，寺院又焚毀殆盡。

明代，作為臨濟宗巨匠的釋道性，應邀入住疏山禪寺。到洪武二十八年（1395），釋道性[269]率徒八人奉欽命來疏山禪寺傳法，他在主持繼續修復寺宇殿堂的同時，更重要的是講經說法，弘揚臨濟宗風：因其以正知正見，嚴奉毗尼，使得道風端莊而得僧俗同贊，前來拜師之人不絕如縷，求教之人也接踵摩肩。不久，疏山寺各殿宇得以重建，香火日盛，並成為長江上下的十方叢林。同時，在釋道性的主持下，收納靈岩等四處為叢林寺院，進一步擴大疏山寺的規模。其後，釋無緣[270]繼主疏山禪寺法席，全力弘法，誨眾課徒，座下弟子甚眾，「付法殆萬人，緇流有馬祖再世之傾」（《無緣禪師傳》）。同時，釋無緣參禪習定，多有正見，著有《聖門心學》。到明萬曆三十三年（1604），獲藩王賜紫衣袈裟，並賜「妙契儒宗」之匾額。

---

268 江西省地方誌編纂委員會：《江西省志·江西省宗教志》，北京：方志出版社，2003，第 93 頁。

269 釋道性，號湛然，原為北京龍虎寺住持。

270 釋無緣，出身於書香門第，通儒術，中年出家後，應益藩王之召，曆主建昌府（府志在今江西南城）章山寺、香岩寺等處。

　　進入清代，順治年間（1644-1661）末，釋大智[271]應請執掌疏山禪寺丈席。駐錫疏山期間，潛心研究佛學，辛勤著述，先後完成了「評注南華，名《藥地炮莊》」。清康熙二十八年（1689），原住持釋頤西退居，監院釋六錫偕徒專程前往，迎釋戒顯[272]來寺主持法席。入住疏山後，釋戒顯率領弟子嚴格規矩，認真修持，使得名聲大振，各地僧侶也都慕名而來，以進行師道傳承。釋戒顯在疏山任主持近三年，他深入研究宗法，嚴格約束僧眾，重建疏山的優良寺風。雍正十三年（1735）以後，相繼有釋方谷、釋悟空、釋萬徹等先後主持疏山寺丈席。清乾隆年間（1736-1795）中，鄉人吳廷相率子尚絅共同編纂校刊《疏山志略》十四卷，首末各一卷。該志以志山為名，實及疏山禪寺眾多資料。該志於清乾隆三十三年（1768）刊刻流布，保存至今；到清嘉慶年間（1796-1820），疏山禪寺住持乏高僧，一度沉寂。咸豐六年（1856），寺院遭兵燹，被焚毀，唯有山門與西廂數間僧寮殘存。一直到宣統元年（1909），釋了塵就任疏山禪寺方丈，振奮禪風，採用仿宮殿牌樓模式，修復寺宇，門首嵌鑲有一石匾：「疏山古寺」，另有對聯一副：「野渡無人流水急，疏山有主白雲

---

271 釋大智字無可考，又字密之，號曼公，亦號藥地愚者，俗姓方名以智，乃桐城派著名學者。明崇禎十三年（1640）進士，曾授編修。明亡以後，遁入佛門，浪跡粵贛。

272 釋戒顯，號晦山，俗姓王，太蒼（今屬江蘇）人，原名瀚。「少年補弟子員，性雄肆，俯視一切。崇禎末棄家作頭陀，參具德悟宗旨」（《戒顯和尚傳》）。出家後，承法臨濟正宗，為三十二世。先開法於建昌真如禪寺（即今江西永修雲居山真如禪寺），後移錫杭州靈隱寺。

閑」²⁷³字跡公正端莊，筆法蒼道有力。經數年艱辛，不僅修復了寺宇，還完成了大雄寶殿、天王殿、禪堂、法堂等數棟建築，到一九一三年修復工程方告一段落。抗日戰爭爆發後，寺內珍貴文物法器被洗劫一空，疏山寺又遭嚴重破壞。二十世紀九十年代疏山寺修復工程大體完成。

二、大余丫山

丫山，坐落在有江西南大門之稱的大余縣境內的黃龍鄉，海拔九〇六米，距縣城十公里。丫山，因其最高的兩峰呈「丫」形而得名，又稱雙秀峰。《大余縣誌補正‧藝文》記載：「郡治四界山雙秀，據東北峰，似馬兩耳，尖削真奇，特志載。……」²⁷⁴從遠處看去，兩峰尖似馬耳，懸崖峭壁；從近處看去，林木蔥鬱，古木參天。丫山歷史悠久，古代便以佛教活動和遊覽勝地聞名遐邇。早在南唐時期這裡就有僧人在此建廟，宋代雲門宗三世釋宗盛住持丫山靈岩寺，一直到清代該寺都保持香火旺盛，是贛南有名的寺廟。

靈岩古寺位於丫山腹部。始建於南唐（937-975），釋普舉（一說釋普慧）雲遊至此，結廬習禪，漸而肇基立寺。《南安府志》記載：「靈岩院在丫山，山本名靈岩，後易名雙秀山。南唐

---

273 江西省地方誌編纂委員會：《江西省志‧江西省宗教志》，北京：方志出版社，2003，第 45 頁。

274 光緒《南安府志補正》卷三，臺北：成文出版社有限公司，1970，第726 頁。

時建院，舊有辟支佛牙。」[275]後有釋慧杲繼主寺務。保大年間
（943-957）釋紹宗圓智應請主持丫山法席，後應南唐中主李璟之
詔開法廬山開仙寺（即今廬山秀峰寺）。

　　宋代，雲門宗三世釋宗盛執掌丫山道席。宋皇祐年間
（1049-1054），靈岩寺得以大規模修葺。治平年間（1064-1067）
釋德賢入住丫山，結廬修禪要，或坐床，或棲於樹，人稱棲真尊
者。元豐五年（1082）九月，釋德賢忽自圖其像於壁。對眾說偈
云：「片雲出洞本無心，流水下山非有戀」[276]，言訖，端坐而
逝。宋代末年，靈岩寺受戰火被毀。元代，延祐年間（1314-
1320），方得以修復重建，再現舊觀。

　　明代，天順年間（1457-1464），靈岩寺年久失修，殿堂傾
頹。邑人鐘明、鐘時等人倡議修葺。善舉一興，四方響應紛紛捐
資助之。鐘氏主持將寺宇前後空坪施之，繼而「斬蕪為田，辟萊
為圃，導泉為井，結屋數間，繪像於中，擇淄流」[277]。經數年
努力，靈岩寺面貌一新，重建山門、殿堂、廊道，殿宇莊嚴，佛
像重光。而後，弘治、嘉靖年間（1488-1566），釋洪慧、釋普
暄、釋明達等先後主持靈岩寺法席。不僅化於其里之士民，而且

---

275 同治《南安府志》卷七，臺北：成文出版社有限公司，1989，第 505
　　頁。

276 大余縣誌編纂委員會：《大余縣誌》，海口：三環出版社，1990，第
　　285 頁。

277 江西省地方誌編纂委員會：《江西省宗教志》，北京，方志出版社，
　　2003，第 105 頁。

募於同流之釋氏。最終擴增寺產田租一一〇餘石，又建四所竹木房屋。由此可見，寺院之殷實，真可謂「供爨有木，飯僧有田，此唱彼和，緇流之緣」。

清代，乾隆年間（1736-1795），靈岩寺又一次得到修復，而後香火不斷。但到清咸豐八年（1858），遭兵燹，靈岩寺毀壞甚重，僧眾星散，香火中斷。至清光緒六年（1880），釋普雲雲遊至此，目睹寺宇破敗，發心重振，遂誅茅而居，重開佛地。同時，又往廣州光孝寺邀釋福性、釋融光前來協助共建。數年之後，釋普雲、釋福性、釋融光等他去，幸釋普會繼來，承師兄之遺願，通過募化，相繼重建雲水客堂、大雄寶殿、五觀堂等建築。到光緒十六年（1890），靈岩寺修復重建方大體告成。竣工之後，靈岩寺殿堂數十楹，住僧近百人，道風嚴謹、自開荒地，興辦紙棚，常住豐裕，成為名聞贛粵的十方叢林。當年，釋鋪慧主持在重建的大雄寶殿內嵌碑，上刻「大清光緒十六年重建，丫山靈岩十方常住」字樣。清光緒二十六年（1900）重建，有殿堂僧舍九十九間，仿明代建築，為贛南地區規模較大的寺院。三十年（1904）九月，靈岩寺起壇傳戒，繼而啟建龍山水陸法會。

一九一四年，靈岩寺與廣州光孝寺聯合同時舉行法會，規模空前，轟動粵贛數省。一九四〇年，釋普會在靈岩寺圓寂，臨終前將寺務交付釋恒常。數年後，釋恒常退居，釋本慧繼主法席。一九四九年八月大余解放，靈岩寺仍由釋本慧住持道席，寺內仍有二十餘名僧侶。「文化大革命」開始後，靈岩寺遭到嚴重破壞，殿宇遭損，佛菩薩像被砸毀，寺內文物被抄，僧眾趕出山門，寺宇被改為林場所用。釋本慧被趕到農村務農。現寺廟已恢

復開放。

　　寺前山窩處有獅子橋勝景。橋邊古木參天，清靜幽雅；橋下
流水潺潺，怪石嶙峋。橋前有磚木結構的牌坊，書有四個大字：
「靈岩古剎」。其兩側有楹聯：「靈山曾寄遊蹤，愛竹院僧閑，松
龕佛靜；岩穴眾多勝景，看雙峰雲鎖，一水煙橫」。並有舍利塔
隱於樹林深處。在古寺的西南角有石門一座，為「南安十景」之
一「靈岩飛瀑」所在。每當春夏雨季來臨時，水集成流，穿石門
而過，匯為瀑布，水花四濺，響聲震天。明代刑部侍郎劉節詠詩
讚歎曰：「高岩飛瀑灑飛泉，恍似銀河落九天，日對秀峰吟秀
句，詩才李白是天仙」。

　　在靈岩寺後山，有一弧形大青石壁，長十九米，寬七點八
米，面積一四八點二平方米，壁上端刻有四個大字：「片石飛
雲」。每字高約一米，寬約〇點八米。字跡瀟灑自如，至今不知
為何人、何時所作。在青石壁的下端刻有多首讚頌「片雲飛石」
的詩篇，但字體已模糊不清，唯有清康熙壬申歲二月恒啟老人所
題一詩，稍能辨認。詩曰：「片石飛雲自古今，玉窗把對恣閑
吟，有人問我西來意，硯著毫端慶以人。」**278**

　　丫山古時是南安府名山，很多文人墨客都曾登臨丫山，並留
下列諸多詩文。大余縣令袁翼在《過丫山入禪院》中記載：「籬
角東西一徑分，僧衣挑曝趁朝曛。背人鼠竊林梢果，逐影魚吹水

---

278 大余縣誌編纂委員會：《大余縣誌》，海口：三環出版社，1990，第
594頁。

面雲。蓮社何年結香火，桃源此處少塵氛。山農識我安民意，爭相車前慰使君。」[279]著名詩人李如筠題《靈岩寺二首》云：「雙髻瘦削玉，綠雲天際深。老樹與空山，相對忘古今。其上虯松蓋，其下修竹林。紫筍迸石罅，茯苓黏松蔭。山鳥隨意囀，一一答梵音。咄哉雙俗士，杖藜何處吟。」「夢山二十年，一見了可識。經彼先覺人，兀坐久不食。嗒焉喪形骸，於世果無得。書空字拏雲，想見龍象力。山空饑虎號，佛燈昏不滅。」[280]

　　此外，丫山之上亦建有龍王廟，以為當地人祈福求雨之保證。據《南安府志補正》記載：「靈壇龍王廟在治東北二十里，同治十年知縣陳蔭昌率邑紳王聿觀、劉國揚、藍洪照等勸捐建造。」[281]

三、臨川金山

　　金山坐落在有「江右名郡」之稱的江西省臨川區，金山又稱為金峰，海拔二六五點九米。金山海拔雖然不高，但因其突兀在贛撫平原上，亦能顯其雄拔。金山以金山寺而出名。金山寺背靠金山，俯視撫河，占地面積一萬多平方米，規模宏大，金碧輝

279 光緒《南安府志補正》卷三，臺北：成文出版社有限公司，1970，第745頁。

280 同治《南安府志》卷二十八，臺北：成文出版社有限公司，第2411頁。

281 光緒《南安府志補正》卷三，臺北：成文出版社有限公司，1970，第196頁。

煌。金山寺創立於何時，其開山鼻祖是誰，現已無從考證，但據當地的傳說，可能是起於唐代，至今已有上千年的歷史。

宋代，金山寺已達到相當的規模，在其最鼎盛時，寺內僧尼達到三○○餘人。金山寺以其秀麗的風光，吸引文人墨客駐足欣賞。如北宋著名的政治家、思想家、文學家王安石曾多次遊金山寺，並留下許多描述當地風景的優美詩篇，比如《金峰晚坐有懷》《金山寺》等詩，其中《金山寺》云：「重經高處寺，一與白雲親。樹木有春意，江山如故人，幽軒含氣象，偏影落風塵，日暮臨歸去，徘徊欲損神」[282]。宋元兩代之交，金山寺數度遭戰火所毀。

明初，金山寺又呈盛況。明代曹洞宗中興巨近之尊的釋元謐就是在金山寺投鎧禪師座下剃度出家後，再至新城（今江西黎川縣）壽昌寺釋慧經法席下參學。明代末期，金山寺再度遭受戰火蹂躪，寺宇倒塌，佛像被迫遷至山下樟源村前，立廟朝拜，以繼香火。自此之後三百餘年間，金山寺有名無實，金山嶺上荒草叢生，野獸出沒，罕有人至。

一九三六年，南湘普淨和尚從南嶽雲遊至金山嶺，便在金山寺旁邊的山洞中潛修。後為采藥的山民發現，回去相告眾信士，大家聞訊趕來，捐款捐物，很快在金山寺廢墟中搭起聞經茅棚，此後，不斷有僧眾前來常住，信士也時往學佛，金山寺逐漸得到恢復。

282 （宋）王安石：《金山寺》，載《臨川文集》卷15，四庫全書本。

抗日戰爭爆發後，日寇入侵，戰火燒至江西，金山寺僧眾大多離寺躲難，唯有釋法福尼師獨守寺門。也就在此期間，金山下出生於書香門第十八歲女信眾胡瑞蘭，放棄教書之職，隻身走上金山，投釋法福座下，剃度出家，法名慧悟。入寺之後，釋慧悟虔誠信佛，認真修持。同時發願重振金山寺，四出募緣。次年開始主持修復殿宇。其中佛門弟子文港鄉紳桂汝丹助緣尤為突出。到一九四七年，重建金山寺大雄寶殿落成。開光之日，禮請西藏貢噶呼圖克圖來寺啟壇弘傳密法，並在寺中為弟子們灌頂。因活佛為密宗，故改寺名為中國貢嘎寺，一時，金山寺聲名遠播，四方信眾，慕名而來，寺中修持者多達數百人，香火極旺。不到半年，貢噶呼圖克圖下山。金山寺仍復名為金山寺，釋慧悟主持寺務。

　　一九四九年，臨川解放以後，釋慧悟率眾修持。同時，為慈悲救眾，主持創辦了金山寺中醫傳習所，收納一批有志醫學又無錢就讀的青年來寺學習。金山寺供應伙食，並從豐城、南昌等地禮請名醫前來執教。金山寺中醫傳習所培養了數目可觀的一批中醫人才，學成後，他們或在鄉間施藥送藥，或是參加抗美援朝隊伍，赴前線建新功，或是解除百姓疾苦，為鄉民看病治疾。[283]「文化大革命」中，金山寺再度夷為平地。現在的金山寺是改革開放後逐步重建的，規模宏大，超逾歷代規制。有大雄寶殿、

---

283 江西省地方誌編纂委員會：《江西省志・江西省宗教志》，北京：方志出版社，2003，第 100-101 頁。

毗盧殿、金剛殿、觀音殿、地藏殿、韋陀殿、伽藍殿、鐘樓、鼓樓、齊堂、禪堂、客堂、藏經樓等，被譽為「佛教城」。一九九四年在此創辦了江西尼眾佛學院，擁有一系列現代化電化教學設備，還建設有圖書館、教學大樓等。

四、廣昌龍鳳岩

　　龍鳳岩位於廣昌縣境內的苦竹鎮大陵村的東華山下，方圓十多公里，風景秀麗，這裡懸崖峭壁、奇峰怪石、山泉瀑布、房屋樓閣各具特色。

　　當地人習慣將龍鳳岩分為前岩（普陀岩）、中岩（羅漢岩）、後岩和岩上岩（七星岩），後岩是主岩，該岩東西兩翼有岩壁相蟠，猶如龍飛鳳舞，故習慣稱該岩為龍鳳岩；又因其飛泉瀑布如青雨紛飛，故稱青雨岩。《廣昌縣誌》記載：「龍鳳岩，……岩外半里小溪，沿流蒼崖疊嶂，人下行盤從，隨松竹而入山腰，坎折架木，始通岩周，圍可數丈。樓庭梵宇，相岩窩而設。嘉木森嚴，瀑流垂玉，東西石壁相蟠蜿，狀如龍鳳騰翔，故名。順治乙未，楚沈宜遊此改題青雨岩。」[284]

　　關於龍鳳岩名稱的來由，民間流傳著這樣一個優美的傳說：古時有一僧人雲遊至此，發現在深山茂林的峽谷裡有一個能容納千餘人的岩洞，岩洞四周清靜幽雅，正是修身養性之處，遂結草

---

[284] 同治《廣昌縣誌》卷三，臺北：成文出版社有限公司，1968，第144頁。

為廬，駐腳山岩。次年春天，僧人在荒野的水草地上撒出聖果——蓮子。不久，這蓮子長葉開花。荷葉青翠，蓮花婷婷，猶如蓬萊仙境，引來青龍與金鳳駐足，青龍在岩洞的左邊臥下，金鳳在岩石右邊棲立。於是附近山民紛紛捐助銀兩，興建佛宇。和尚為感激龍、鳳真情，將岩洞取名為龍鳳岩。

龍鳳岩內的龍泉水澄澈如鏡，純淨甜美。「高山雲霧孕好茶」，當地盛產龍鳳茶，就以「色綠、香郁、味甘、形美」這四絕而著稱；人們使用龍泉水沖泡龍鳳茶，氣味清郁異常，真所謂「泉美茶香異」；龍鳳茶歷史上在明朝曾被稱為貢茶，今人也曾交口稱讚：「龍泉烹鳳茶，古今遊人誇。」

龍鳳岩四周群山環繞，大氣磅礴，青松翠竹，風景秀麗。明代，來龍鳳岩的遊人不斷增多，不僅有鄰省的香客和商人，還有遠道而來的名宦顯吏，如明代的鎮江司理沈宜、吏部尚書何文淵、刑部尚書何喬新等人曾寫有龍鳳岩詩文，稱讚這裡：「岩穴千般險，迂回一線通；天圍青帳裡，人在畫其中」。

古時龍鳳岩的佛教盛極一時。龍鳳岩寺明清兩代是贛閩邊界有名的佛教聖地，其僧尼屬淨土宗法徒。該寺始建於明代弘治年間（1488-1505），僧慧慶募資創建。當時寺廟規模宏大，有大雄殿，天王殿、觀音殿、方丈室、客堂等組成，面積達一千五百平方米。清初，龍鳳岩寺毀於兵燹，後鏡徹僧、秒渠僧、寂僧等先後在順治、雍正、乾隆年間重建。龍鳳岩寺鼎盛時期曾一度有「三十尼姑二百僧」之謂。民國三十六年（1947）六月龍鳳岩寺舉行大傳戒，有尼五百餘人、僧八百餘人參加盛典，來自七省受

戒人達六百七十二名[285]，參加盛會，歷時四天，盛況空前。一九五八年，該寺劃為翠雷山墾殖場大陵大隊廟下生產隊一個作業組，僧尼自耕自食。原有佛像和藏經在「文化大革命」中被作為「四舊」之物焚毀。一九八〇年重修古剎。

此外，龍鳳岩的古松關、鳴春橋、龍泉瀑、羅漢拜月、湖譚魚躍、馬欄坑、神女峰等勝景，也各具特色。

參考文獻

（1）王榮國：《馬祖道一傳法活動考論》，《宗教學研究》，2006 年第 2 期。

（2）釋純一：《試論馬祖道一禪師對中國佛教的建樹》，《佛教研究》，2002 年 00 期。

（3）江西省靖安縣誌編纂委員會：《靖安縣誌》，南昌：江西人民出版社，1989。

285 《民國日報》，民國三十六年六月一日。

江西文庫 A0701B18

贛文化通典（名勝卷） 第三冊

主　　編　鄭克強
版權策畫　李　鋒
責任編輯　楊家瑜

發 行 人　陳滿銘
總 經 理　梁錦興
總 編 輯　陳滿銘
副總編輯　張晏瑞
編 輯 所　萬卷樓圖書股份有限公司
排　　版　菩薩蠻數位文化有限公司
印　　刷　維中科技有限公司
封面設計　菩薩蠻數位文化有限公司

出　　版　昌明文化有限公司
桃園市龜山區中原街 32 號
電話 (02)23216565
發　　行　萬卷樓圖書股份有限公司
臺北市羅斯福路二段 41 號 6 樓之 3
電話 (02)23216565
傳真 (02)23218698
電郵 SERVICE@WANJUAN.COM.TW
大陸經銷　廈門外圖臺灣書店有限公司
　　　電郵 JKB188@188.COM

ISBN 978-986-496-347-8
2018 年 1 月初版
定價：新臺幣 320 元

如何購買本書：
1. 轉帳購書，請透過以下帳戶
　　合作金庫銀行　古亭分行
　　戶名：萬卷樓圖書股份有限公司
　　帳號：0877717092596
2. 網路購書，請透過萬卷樓網站
　　網址 WWW.WANJUAN.COM.TW
大量購書，請直接聯繫我們，將有專人為您
服務。客服：(02)23216565 分機 610

如有缺頁、破損或裝訂錯誤，請寄回更換

國家圖書館出版品預行編目資料

贛文化通典. 名勝卷 / 鄭克強主編. -- 初版.
-- 桃園市：昌明文化出版；臺北市：萬卷
樓發行, 2018.01
　　冊；　公分
ISBN 978-986-496-347-8 (第三冊 ：平裝). --
1.名勝古蹟 2.江西省
672.408　　　　　　　　　　　107002007